# かごしま 維《い》新《しん》伝《でん》心《しん》


著　岩川拓夫
絵　東雲ののか

南方新社

# 序

1800年代、鹿児島の人々は日本の最先端の知識や技術を持ち、政治や経済、外交の分野で最前線に立ちました。学校の教科書には西郷《さいごう》隆盛《たかもり》や大久保利通《おおくぼとしみち》が紹介されますが、この2人だけが活躍したのではなく、鹿児島の人々が一丸となって新しい時代を切り拓いたのです。この本はそんな時代の鹿児島の歩みについて紹介したものになります。

歴史《れきし》は暗記《あんき》と思われることがありますが、実際は異なります。歴史も昔の人々の課題や挑戦という過程《かてい》を経て、事件《じけん》や事業《じぎょう》が生みだされていったのです。ひとつひとつの事件や事業の背景に「どのような悩みがあったのだろうか」「どれくらいの失敗があったのだろうか」「なぜその選択肢《せんたくし》を選んだのだろうか」、そのようなものがたくさん存在しました。これらを理解する、もしくは理解しようとすると、きっと歴史は面白く、魅力《みりょく》的なものに思えるでしょう。

皆さんのご先祖《せんぞ》様も同じ時代を生きています。もしかしたら同じような悩みや挑戦をしていたかもしれません。そう考えると、決して歴史は人の名前や年号を暗記するだけのものではなく、問いと解決の積み重ねをし続けた人間賛歌《にんげんさんか》であり、現代の課題や悩みの解決策にたどりつくための学問のひとつと思うことができるでしょう。

鹿児島の歴史を楽しく正しく。本書はそのような目標を掲げて執筆《しっぴつ》しました。この本に出てくる年号、事件や人物の名前をすべて暗記する必要はありません。激動の時代に鹿児島の人々はどのように活躍したのだろう、という流れを感じていただきたいです。面白いイラストを楽しみながら、1800年代の人々の努力や挑戦について読み解いていきましょう。

# 目次

## 第3章　国父登場と薩英の衝突



## 第4章　海外雄飛と新時代の足音

## 第5章　新世代の産声



## 外伝　偉人と食



## 略年表



## 結

# 幕末維新を知る前に

## ① 薩摩藩と島津家

1180年代、武士を中心とした政治体制が誕生。源頼朝《みなもとのよりとも》が征夷大将軍《せいいたいしょうぐん》に就任し、鎌倉《かまくら》幕府《ばくふ》が成立しました。

1867年に江戸《えど》幕府が終わるまで、700年近く「武士の時代」が続きました。その間、鹿児島とかかわり続けたのが島津《しまづ》家の一族です。

源頼朝は島津家の初代・忠久《ただひさ》を薩摩《さつま》国（薩摩半島一帯）、大隅《おおすみ》国（大隅半島一帯）、日向《ひゅうが》国（曽於《そお》市の一部と志布志《しぶし》市、大崎《おおさき》町、宮崎《みやざき》県）の武士を束ねる守護《しゅご》などに任命。一族は戦国乱世《らんせ》を乗り越え、徳川家康《とくがわいえやす》が江戸幕府を開くと、18代島津家久《いえひさ》は薩摩国、大隅国と日向国南部を治める薩摩藩72万石《ごく》の藩主になりました。

鎌倉時代はじめに守護に任じられてから、江戸時代の終わりまで同じ場所を治め続けた一族は島津家だけです。そのようなことから江戸時代、島津家は名門の一族としてほかの大名たちから一目置かれる存在でした。

## ② 琉球王国と交易

江戸時代の日本は、自由に外国と交流や交易ができず、限られた場所で限られた内容しか認められていませんでした。

その限られた場所の一つが薩摩藩と琉球《りゅうきゅう》王国（沖縄《おきなわ》県）との間の交易、交流です。

琉球王国（沖縄県）は中国王朝《おうちょう》や東南アジアとの交易で栄えた国です。そのすぐ北に位置する鹿児島も、琉球との間で交易を行っていました。江戸時代がはじまって次第に交易が制限されるようになる中、薩摩藩は１６０９年に琉球王国に攻め込みます。そして、琉球が治めていた沖縄本島より北の島々（奄美大島《あまみおおしま》や喜界島《きかいじま》、徳之島《とくのしま》、沖永良部島《おきのえらぶじま》、与論島《よろんじま》など）を薩摩藩が直接治める場所とし、琉球王国にも薩摩の出先機関《でさききかん》を置いて、間接的に支配しました。鹿児島城下にも琉球王国の出先機関として琉球館《かん》が建てられます。

薩摩藩は琉球王国を通じて、東アジアの最先端の知識、情報、技術、文化を手に入れることができる場所になったのです。

## ③ 外城制度

江戸時代、全人口に占める武士の割合は３％ほどだったといいます。しかし薩摩藩は26％にものぼりました。これほど武士が多かったのは、戦国時代に一時九州のほぼ全域を治めていたため、たくさんの武士が必要であったからだと考えられています。

江戸の平和な時代の武士たちの仕事は、藩内の人々を管理、統治するいわば公務員のようなもの。４人に１人が公務員というのは多すぎます。そのため、薩摩藩は外城制度《とじょうせいど》という独自のシステムをつくりました。

ほかの藩は藩主が暮らす城の周囲に武士を集めて住まわせますが、薩摩藩は藩内を「外城（郷《ごう》）」と呼ばれる110以上の区域に分け、外城ごとに武士を住まわせたのです。外城で暮らす郷士《ごうし》はそれぞれの外城の統治を行ったり、農作業を行ったりという二足の草鞋《わらじ》の生活を送りました。彼らは平和な生活を送りながら、戦時には戦えるよう準備をしていたのです。

# 島津家の略系図

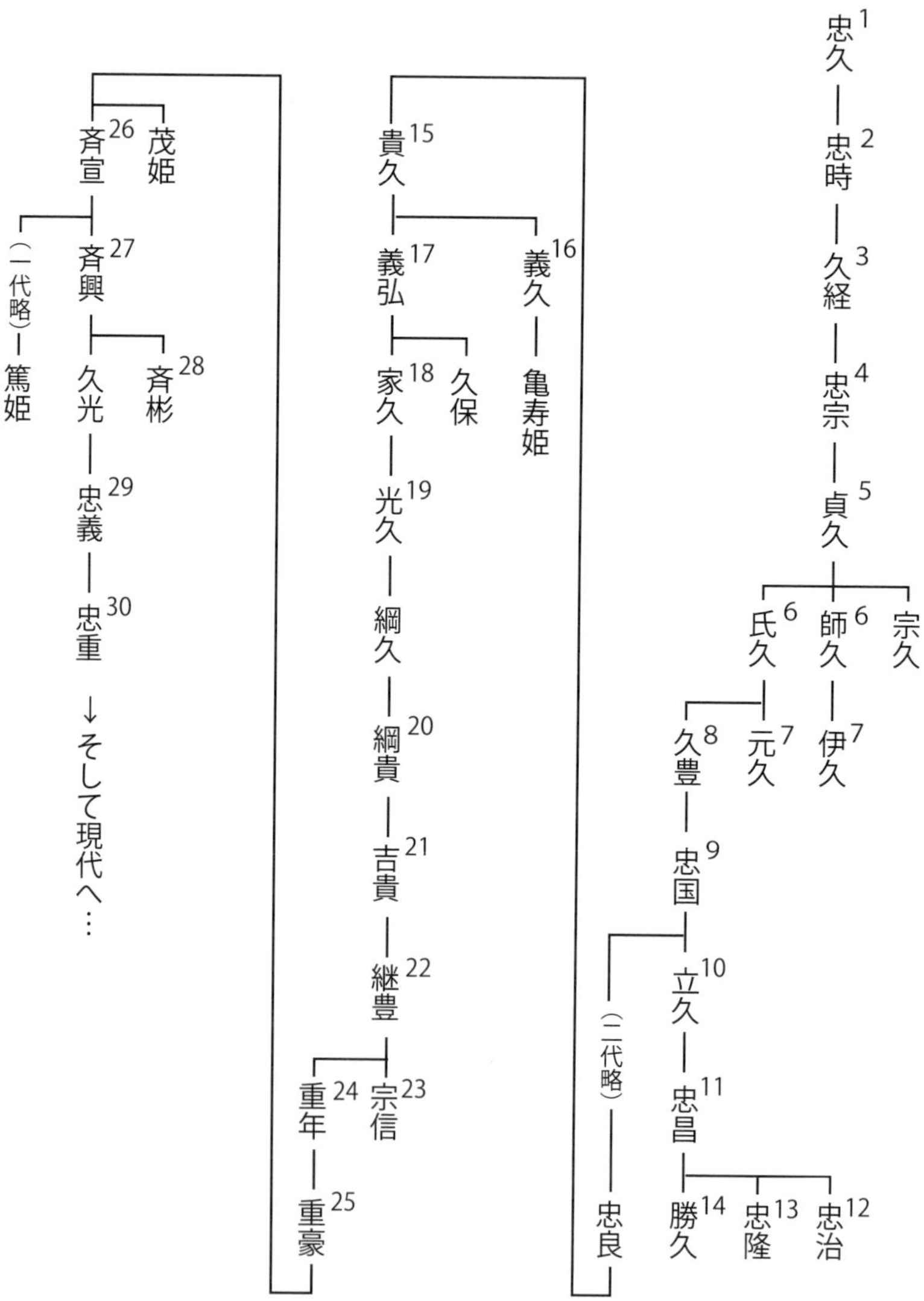
忠久 1
忠時 2
久経 3
忠宗 4
貞久 5
氏久 6
師久 6
宗久
久豊 8
元久 7
伊久 7
忠国 9
立久 10
忠昌 11
（二代略）
忠良
勝久 14
忠隆 13
忠治 12
貴久 15
義弘 17
義久 16
家久 18
久保
亀寿姫
光久 19
綱久
綱貴 20
吉貴 21
継豊 22
重年 24
宗信 23
重豪 25
斉宣 26
茂姫
斉興 27
（二代略）
篤姫
久光
斉彬 28
忠義 29
忠重 30
↓そして現代へ…

# 第1章　幕末にいたるまでの道のり

# 1 知識欲旺盛な島津重豪

江戸幕府《えどばくふ》がはじまってちょうど150年後に、島津家で元服《げんぷく》（男子の成人）を迎えた人物がいました。後の25代島津重豪《しげひで》です。彼は10代前半で薩摩藩主《さつまはんしゅ》に就任。徳川将軍《とくがわしょうぐん》家から島津家に嫁いだ義理の祖母・浄岸院《じょうがんいん》竹姫《たけひめ》の薫陶《くんとう》を受け、京の文化に関心を持ちます。成長すると、京の文化風俗《ふうぞく》を薩摩に取り入れ、藩外の商人たちが薩摩に移り住めるようにするなど、薩摩の外から足りないものを補っていきました。あらゆる文物に興味を示した重豪は、藩の学校「造士館《ぞうしかん》」や武道施設「演武館《えんぶかん》」、医療のための「医学館《いがくかん》」、天体観測施設「明時館《めいじかん》（天文館《てんもんかん》）」を建設。薩摩の文化、学問の向上につとめます。茶の本場・宇治《うじ》から宇治茶を取り寄せて栽培《さいばい》にも挑戦しました。

重豪が興味を抱いたのは日本国内にとどまりません。琉球《りゅうきゅう》経由で中国の文化、知識を積極的に取り入れ、中国語の辞書『南山俗語考《なんざんぞくごこう》』や百科事典『成形図説《せいけいずせつ》』を刊行。鹿児島城下北部に新たに吉野薬園《よしのやくえん》を設け、薬用となる樹木を育てたほか、薬用となる植物を紹介した『質問本草《しつもんほんぞう》』もまとめさせます。さらに鹿児島城下にあった琉球館《かん》にもしばしば訪れており、そこで食べた中華料理の内容も現在に伝わっています。

重豪は長崎《ながさき》に詰めさせていた役人を通じてオランダとの窓口・出島《でじま》から入ってくる、西洋の文化や知識も入手。自らも出島に赴き、舶来品《はくらいひん》の食べ物を堪能しました。鳥についてまとめた

『鳥名便覧《ちょうめいびんらん》』には日本語名だけでなく中国語やオランダ語での呼び方についても紹介しています。交易で手に入れた毛織物に興味を持ち、羊毛《ようもう》の織物業もはじめました。

元気なお殿様だったようで、80歳を超えた後も江戸と薩摩の間を行き来し、89歳で亡くなるまでメガネをかけずに手紙を読みました。薩摩藩を牽引《けんいん》したのは、藩主の座についてから隠居した後も加えて70年近く。彼が建てた教育機関から若い人材が輩出《はいしゅつ》され、彼が収集した知識と技術はほかの藩を圧倒する質と量になりました。この古今東西のあらゆることを知ろうとした重豪の影響で、薩摩藩はさまざまな知識と海の向こうの数多《あまた》の国に対して積極的に挑んでいこうという精神を持てるようになったのかもしれません。

# 2 広大院 茂姫と徳川将軍家

江戸幕府が誕生する直前に勃発《ぼっぱつ》した関ヶ原の戦いで、島津家は反徳川家康《いえやす》の軍勢に参加し敗北しました。そして江戸幕府が終わった直後の戊辰《ぼしん》戦争では、島津家を中心とする新政府軍が徳川家の幕府を存続させたいと願う軍勢に勝利を治めます。江戸時代のはじまりと終わりで戦っているため、徳川と島津の仲があまりよくないのではないかと思われてしまいがちですが、実際には仲が良かったのです。

江戸時代、歴代の御台所《みだいどころ》（将軍夫人）の多くが京都の皇族《こうぞく》・貴族出身でした。15代を数える徳川将軍の中で例外は3人だけ。しかもそのうち1人は60歳すぎで江戸幕府をひらいた初代家康です。家康を除くと2人だけであり、その2人とも御台所の出身は島津家でした。

徳川の分家・一橋《ひとつばし》家の豊千代《とよちよ》（家斉《いえなり》）は、わずか3歳の時に島津重豪の娘で同じ年の茂姫《しげひめ》と婚約。豊千代と茂姫は大人になったら結婚することから、その準備も兼ねて、幼い頃から一緒に育てられました。しかし、10代将軍の息子が若くして亡くなり、跡継《あとつ》ぎがいなくなったため、豊千代が将軍の養子《ようし》となります。この結果、島津家出身者が将来の御台所になるということで、前例がないことを理由に問題になります。しかし、茂姫が島津家の親しい間柄であった京都の公家・近衛《このえ》家の養女となることで、両者の結婚は認められました。

この結果、重豪は「将軍の義理の父」となり、

幕府やほかの大名から一目置かれる存在になりました。重豪の子や孫はほかの大名の養子になったり、大名のところへ嫁いだりした人が多く、島津家の血縁関係が全国に広がります。徳川家斉は50年以上、幕府の政治を牽引《けんいん》。そして、歴史書に「その盛《さか》りを極《きわ》む」と記されたほど、安定した時代を築きます。茂姫との間の子どもは1人だけであり、それも若くして亡くなってしまいましたが、側室（御台所以外の女性）との間で生まれた子どもたちも「茂姫の子ども」として育てられました。

　家斉の死後、茂姫は「広大院《こうだいいん》」と名乗り、従一位《じゅいちい》という特別な位をもらいました。これは御台所でも滅多に授かることができないとても高い位です。そのような特別な立場になった茂姫のおかげもあり、その実家である島津家は全国の中でも優遇されることになります。

# 3 島津斉宣の改革

茂姫が御台所になることを受けて、彼女の父・重豪が隠居し、重豪の跡を継いだのが26代島津斉宣《なりのぶ》です。斉宣は若くして薩摩藩主に就任したため、最初の頃は父や家老・市田盛常《いちだもりつね》（茂姫の伯父）が政治をすすめました。

やがて斉宣が成長すると独自路線をすすめ、家臣たちに『鶴亀問答集《つるかめもんどうしゅう》』を示します。これには「君主は贅沢《ぜいたく》しないようにして、民衆《みんしゅう》の生活を考えねばならない」という内容が記載。斉宣は藩の財政を改善するためにも質素倹約《しっそけんやく》を推しすすめようとしたのです。『鶴亀問答集』は暗に重豪を批判した内容であったと考えられます。

斉宣は『鶴亀問答集』を出した後、若い樺山久言《かばやまひさこと》の家老就任、身分の高くない城下士・秩父季保《ちちぶすえやす》の抜てき、そして藩政に大きな影響を与えていた市田を家老から辞めさせるなど人事を刷新《さっしん》。樺山や秩父は、財政再建のために「参勤交代《さんきんこうたい》（大名が江戸と本国を行き来すること）の10年停止」や「琉球貿易の拡大」「収益の上がらない事業の停止」などを掲げた改革を提言《ていげん》。これは幕府の政治方針と明らかに異なる内容でした。重豪は自らの政策を否定する内容が含まれていたことから、この改革をやめさせようとしたのです。文化《ぶんか》5年（１８０８）、改革推進者の樺山と秩父は切腹《せっぷく》に追い込まれ、樺山たちを支持した人々も流刑《るけい》などになりました。翌年に重豪は息子・斉宣を隠居させ、孫・斉興《なりおき》が藩主に就任。この事件は、樺山や秩父が

『近思録《きんしろく》』という朱子学《しゅしがく》の書物をよく読んでいたため「近思録崩《くず》れ」と呼ばれています。

隠居した斉宣は茶道をたしなみながら、江戸で幕府と薩摩との間の仲介役を担います。姉・茂姫や幕府の医師を通じて、薩摩や親しくしている大名の願いを幕府に通してもらうよう交渉していたようです。さらに父・重豪に特別な位が与えられるよう積極的に交渉し、重豪は従三位《じゅさんみ》という島津家ではめったにえることができない高い位をもらうことになりました。

# 4 シーボルトと聚珍寶庫

江戸時代、ヨーロッパの窓口は長崎・出島に限られ、日本の人々は自由に海外の知識や情報、技術を手に入れることができませんでした。しかし、西洋に対して強い興味を持っていた薩摩藩は、長崎に屋敷を設けて、少しでも西洋の文物を手に入れようとしていたのです。それを存分に活用した人物が島津重豪でした。

重豪は歴代のオランダ商館長《しょうかんちょう》（出島のオランダ人の責任者）と文通を行い、ドゥーフという商館長からは珍しい鳥や標本などをもらっています。また江戸から薩摩に戻る途中で長崎に立ち寄り、砂糖漬《づ》けの果物などを手に入れました。

オランダからやってきたシーボルトとは実際に面会していました。シーボルトが将軍に面会するために江戸へ向かう途中、重豪は自らの息子で中津《なかつ》藩主の養子となった奥平昌高《おくだいらまさたか》とともにお忍びでシーボルトを出迎えます。80代半ばの重豪でしたが、シーボルトからすると20歳ほど若く見えたそうです。会見の際、重豪はオランダ語を織り交ぜながら話し、病気の診察《しんさつ》もしてもらいました。また生き物について非常に興味を示し、動物のはく製や昆虫の収蔵についてその方法を学びたいとシーボルトに相談します。

江戸での正式訪問時、シーボルトは重豪が持ってきた鳥を、目の前ではく製にして喜ばせました。また西洋の音楽や書籍、機械で楽しいひと時を過ごします。別の日には重豪は自らの家族を紹介。何人かシーボルトに診察してもらい

ます。シーボルトは島津家一族を「淑《しと》やかで、礼儀正しく威厳《いげん》、慈《いつく》しみ、親しみを兼ね備え、正直で少しの驕《おご》りもない」と最大級の評価を書き残しました。

重豪は江戸の薩摩藩邸に「聚珍寶庫《しゅうちんほうこ》」という博物館を建設。そこにはオランウータンやイグアナをはじめ、サイのヒヅメ、ウミガメのはく製が陳列されていました。おそらくシーボルトたちからの協力をえて収集したものと考えられます。

# 5 宝島事件の衝撃

江戸幕府のもと平和な世の中が続いていた日本。西洋社会では戦争が続き、産業革命《さんぎょうかくめい》がはじまって工場での大量生産がすすむ一方、皇帝《こうてい》や国王が絶対的な権力を持つ政治から変えようと、革命が各地で起こっていました。19世紀になると、フランス皇帝ナポレオンを中心とした激しい戦争とその終結を経て、ヨーロッパは安定した時代になります。かわりに西洋諸国は国力を拡大するために西洋諸国以外の地域に目を向けます。石油が主流となる以前、鯨《くじら》から捕れる鯨油《げいゆ》は燃料や潤滑油《じゅんかつゆ》としてとても需要《じゅよう》があり、西洋諸国は鯨を求めて太平洋にも進出。彼らの船は薩摩藩が守るべき九州南部から琉球王国の近海にもやってきたのです。

文政《ぶんせい》7年（1824）、鯨を捕まえるイギリス船が薩摩藩領の宝島《たからじま》（十島村《としま》）に到着しました。上陸した彼らは、食料となる牛を求めて身振り手振りで島役人と交渉。一度は断られたものの、酒や菓子、金銀、衣服、時計などを贈って再度お願いします。これを受けて島役人は野菜や米を見せ、イギリス人たちは芋などを船に持ち帰ります。しかし、船に残っていたイギリス人乗組員たちは牛がどうしても食べたかったのか、上陸して牛を1頭撃ち殺し、2頭を連れて帰ろうとしました。我が国では牛は食用ではなく、農耕《のうこう》のパートナーと考えられていたので、島役人は牛を襲ったイギリス人に銃を放ちます。そしてイギリス人1人は亡くなってしま

いました。

この宝島事件の後、江戸幕府は外国船が接近してきたら砲撃を加えるという法令をだします。それだけこのイギリス人との問題は衝撃だったようです。しかし、宝島事件の13年後、今度はアメリカの船が薩摩半島南部の山川《やまがわ》に接近。イギリス船がやってきたと勘違いした薩摩藩は大砲を放ちますが、全く船には届きませんでした。その上、アメリカ船には漂流していた日本人が乗っており、彼らを帰国させるためにやってきたということを知ると、砲撃を加えるようにという法令を出した幕府に批判が集まります。海に浮かぶ島国・日本の最南端に位置する薩摩藩に、少しずつ外国の脅威《きょうい》の足音が迫ってきていました。

# ❻ 島津斉興の苦悩

1840年、イギリスと清《しん》（中国）との間でアヘン戦争が勃発《ぼっぱつ》します。東アジア最大最強と考えられていた清は海上戦を中心に敗北を重ね、2年後に香港《ホンコン》をイギリスに譲《ゆず》り渡し、賠償金《ばいしょうきん》を支払うという条約を交わすことになります。この後、フランスなどほかの西洋諸国も清に進出。結果、隣接《りんせつ》する琉球王国にも今まで以上に船が接近するようになりました。この問題に対して、薩摩藩を治めていた27代島津斉興は対応に追われます。

斉興は父・斉宣の隠居を受けて藩主に就任しましたが、はじめの頃は、祖父・重豪が政治権力を握っていました。重豪の死後、斉興は藩政を牽引し財政改革に取り組みはじめた頃、西洋の脅威に関する情報が届いたのです。斉興は、海の向こうから訪れる船に対応するため、薩摩藩の各地に砲台を備え、鹿児島城下（鹿児島市）には青銅砲《せいどうほう》（銅と錫《すず》で造られた大砲）を造るための施設・鋳製方《いせいほう》を築きました。藩士を長崎に留学させて洋式の大砲術を学ばせた上、それを藩内に広めるための砲術館《ほうじゅつかん》も設けます。さらに薬品の研究を行うための中村製薬館《なかむらせいやくかん》を設立し、科学研究の向上もはかりました。

このようにすすんだ技術をほかに先んじて採り入れた斉興でしたが、一方で日本にある古くから伝わる呪術も採り入れます。アメリカとイギリスの政府高官を描いた絵を用いて彼らを呪《のろ》い、神罰天罰《しんばつてんばつ》で彼らの国の船が日本に近づかな

イギリス・フランス・アメリカの船が急接近！！
VICTORIA D:G: BRITANNIARUM REGINA F:D:
島津斉興
実際こんな感じの絵で欧米人が来ないようにまじないをしていました

いようにしようとしています。イギリスを統治していたヴィクトリア女王が描かれたコインを手に入れ、それも使ったまじないもしました。しかし、斉興の願いもむなしく、西洋諸国は日本にさかんに自由な交流・交易を求めるようになります。そこで斉興は幕府と協議し、琉球王国が西洋諸国と交易することを幕府に許してもらいました（実際は斉興の時代には交易しませんでした）。

能《のう》や書など日本古来の文化をとても愛し、神仏に対する信仰も厚《あつ》かった島津斉興。伝統を守り、新しいものを取り入れながら、我が国を守る方法を一生懸命に考えていたのです。

# 7 調所広郷の財政改革

ヨーロッパやアメリカの船が日本に近づくようになった1800年代、薩摩藩は年間の収入の40倍以上にあたる500万両《りょう》（現在の約5千億円相当）もの借金を抱えていました。

薩摩は戦国時代から財政的に豊かではなかったそうです。それに加えて幕府や大名との交際費や幕府に命じられた木曽川《きそがわ》の治水仕事などの「御手伝普請《おてつだいぶしん》」、江戸の薩摩藩邸の火事や桜島の大噴火の復旧工事などでかさんだものが積もり積もって莫大な借金になりました。

江戸でつとめていた藩士の中には、13カ月も給料が支払われなかった人もいたといいます。ふくらんだ借金を返すために知恵を絞ったのが、家老《かろう》の調所笑左衛門広郷《ずしょしょうざえもんひろさと》でした。

調所は、500万両の借金を利子《りし》なしの250年分割で支払うことを大坂(大阪)や江戸の商人に認めさせます。ちなみに西暦2080年過ぎでようやく返済できるという計画です。返済は薩摩藩がなくなるまでコツコツと続けられました。利子なしの長期返済の交換条件として、薩摩藩特産の砂糖や琉球王国（沖縄県）から手に入れた海外の品物を、彼らに優先的に扱わせました。当時、琉球王国を通した貿易は、幕府によって量や品物が限られていました。しかし、それを超える量をひそかに輸入し、国内で売って利益をえたのです。また蝦夷地《えぞち》（北海道）の特産品の品々をひそかに琉球経由で清(中国）に売り、さらに利益をあげます。

調所は特産品の品質向上にもつとめました。苗代《なえしろ》川（日置《ひおき》市）の薩摩焼の生産技術を高めるために技術者を招いたり、新しい製品づくりをすすめたりしました。薩摩焼を復興した調所は、現地の人々に慕われました。死後、彼を弔《とむら》う墓が苗代川に建てられます。

切りつめて赤字を減らす一方、長い目で見て必要だと考えたものにはお金を出しました。その代表が、甲突《こうつき》川に架けられた5つの石橋や天保山《てんぽざん》の埋め立て工事です。借金を少しずつ返す一方、財政を担当した13年で50万両以上の蓄えをつくることに成功した調所。彼の時代に手に入れた資金をもとに、薩摩藩は明治維新に飛躍したのです。

# 8 海商王・濱崎太平次

幕末、赤字続きだった薩摩藩の財政を改革するため、一人の商人が東奔西走《とうほんせいそう》しました。指宿の豪商・8代目濱崎太平次正房《はまさきたへいじまさふさ》です。濱崎家は代々「ヤマキ」という商号（営業名）を持つ海運業者でした。

彼はわずか14歳で琉球王国に渡り、現地で交易の魅力を体感。その頃、「天下の台所」と称されていた大坂（大阪）で海外の品々を売りさばき、富をえました。さらに、家老・調所広郷の経済政策に協力したことで商売が拡大します。調所は船を用いて交易する人々に対し、船を建造するための費用を貸し、交易のサポートをしました。造船所には300人ほどの大工が働いていたということです。

太平次は34隻もの船を駆使し、広大なエリアで商売します。薩摩藩内の鹿児島、指宿、甑島《こしきしま》だけでなく、琉球王国の那覇《なは》や長崎、大坂、新潟《にいがた》、佐渡《さど》、箱館《はこだて》（函館）と全国各地に支店を構えていました。これらの地を拠点に、北は蝦夷地（北海道）から南はアモイ（中国福建省《ふっけんしょう》）や中国広東省《かんとんしょう》、ジャワ島（インドネシア）まで「ヤマキ」は活動したのです。

彼は、アワビや昆布、乾《ほ》したナマコなどを蝦夷地から手に入れて海外に販売します。これらの品は、食材として重宝されました。また、樟脳《しょうのう》（クスから採れる薬品）や生糸《きいと》、寒天《かんてん》、陶磁器なども販売しました。一方、琉球での交易で手に入れたのは、絹の布や氷砂糖のお菓子、薬品の

原料です。いずれも日本国内において、高値で売られました。
商売でえた利益をもとに、太平次は藩の財政を支えます。後年、薩摩藩が近代的な銃を輸入しようとした際、彼は真っ先に巨額の資金を提供しました。調所とともに海外輸出のための寒天工場を現在の宮崎県都城市に設立。また、二月田《にがつでん》（指宿市）の殿様湯の整備にも携わったほか、河川改修、道路整備など地域の発展にも貢献しました。
海運の専門家である家臣の手を借りて、薩摩藩は開運を手に入れることができたのかもしれません。

# 9 薩摩をめぐった旅人たち

　島津重豪の時代以降、藩外から薩摩を訪れる旅人が少しずつ増えました。彼らは国内で江戸から一番遠いところにある薩摩の生活、文化、風景を楽しみ、旅日記に書き残す人もいました。橘南谿《たちばななんけい》という医者は天明《てんめい》2年（1782）に薩摩を訪れ、藩内各地を視察した内容をもとに『西遊記《さいゆうき》』を執筆。大隅最南端の佐多岬《さたみさき》や天《あま》の逆鉾《さかほこ》で知られる高千穂峰《たかちほのみね》まで登ったり、安永《あんえい》の大噴火（安永8年・1779からはじまった桜島大噴火）の被災地を訪れたりしました。

　調所広郷の財政改革に協力した大坂商人・高木善助《たかぎぜんすけ》は文政11年（1828）からの10年間で6回も鹿児島を訪問。阿久根《あくね》で鯨を目撃したり、霧島《きりしま》や伊作《いざく》（日置市）、摺ケ浜《すりがはま》（指宿市）の温泉を訪れたりしたことを日記に記しました。旅先で絵もたくさん描いており、鹿児島城下の様子や藤川天神《ふじかわてんじん》（薩摩川内市）の梅や大汝牟遅《おおなむち》神社（日置市）の楠など植物が織りなす絶景も紹介しています。

　天保《てんぽう》6年（1835）には江戸の講釈師《こうしゃくし》・伊東陵舎《いとうりょうしゃ》が鹿児島に来訪。彼が記した『鹿児島ぶり』には、薩摩独自の糸雛《いとびな》や金助《きんすけ》まりを用いた雛かざりや、武家の家の庭先に立ち並ぶ五月幟《ごがつのぼり》など薩摩の人々の文化が紹介されています。2本の串を刺したゴンメ餅（両棒餅《ぢゃんぼもち》）や願い事を叶えるため石像におしろいを塗る風習などは、藩外から訪れた人物だからこそ書き残したものです。

彼らが共通して目撃していることの一つが異国の文化の存在です。苗代川（日置市）に住む薩摩焼の陶工たちや笠之原《かさのはら》（鹿屋市）の人々が朝鮮《ちょうせん》半島の文化を残し、踊りも伝承し、男性は朝鮮の名を名乗っていたことを紹介しています。彼らは朝鮮出兵の際、朝鮮半島から島津のもとに渡ってきた人々の子孫でした。また鹿児島城下の琉球館や鹿児島湾に浮かぶ琉球船などを目撃。彼らの衣装や食べ物が大陸文化の影響を受けていたものであったと書き残しました。

そして何より薩摩の人々が異国の文化を持つ人々に慣れていることに驚いています。伊東は城下町の神社の祭礼で琉球人がたくさんいることに驚いていますが、薩摩の人々は全く驚かず、むしろ江戸からやってきた伊東たちを物珍しげに見ていたそうです。このことは、薩摩が現代以上に海外から文物や人が届けられる国際都市だったことを示しています。

# 10 藩主の座をめぐる争いとお遊羅

藩の財政の立て直しに奮闘していた藩主・斉興にはとても愛した「お遊羅《ゆら》」という女性がいました。彼女は町人の出身で、江戸の薩摩藩邸で仕えていたところを斉興に見初《みそ》められます。江戸と薩摩を往復する参勤交代にも同行するなど、特別な人物だったようです。

斉興の嫡男《ちゃくなん》（後継者）・斉彬は他所の藩主や学者と積極的に交流し、海外の文化に興味を持つなど、斉興の祖父で藩の赤字が最も積み重なっていた時期の藩主・重豪に似た一面を持っていました。斉興からすると、このままでは自らが努力した経済政策が水の泡になるのではないかと心配します。さらに斉興が従三位という高い位をえようとしていたため、斉彬が成長しても藩主の座を譲り渡そうとしませんでした。一度、幕府は薩摩藩が琉球貿易で制限以上に貿易をしていることをとがめて、それを理由に斉興を隠居に追い込もうとします。しかし調所が責任を負って自殺したため、この策は失敗。家臣たちのうち一部は、斉彬の異母弟で、お遊羅の息子にあたる忠教《ただのり》（久光《ひさみつ》）が跡を継ぐのではないかと考えるようになったのです。

斉彬の子が病気で亡くなると、その原因をめぐってさまざまな憶測が流れます。その中にはお遊羅が斉彬の子どもを呪い殺したという噂《うわさ》もありました。これに対し、斉彬に早く藩主になってほしいと考える家臣のうち過激派は、お遊羅や斉興の側近を暗殺しようと計画。これが逆

に斉興側に知られることになり、多くの人々が切腹や流罪など処罰を受けることになったのです。

処罰を逃れた一部の人間は、福岡藩《ふくおか》に逃げ込みます。その頃の福岡藩主・黒田長溥《くろだながひろ》は斉興の叔父にあたり、弟で八戸《はちのへ》藩主に就いていた南部信順《なんぶのぶより》とともに幕府に事態の収拾を訴えました。幕府の老中・阿部正弘《あべまさひろ》は斉彬と親しいこともあり、斉興に対して茶器を贈り、隠居を促したのです。

こうして斉彬は藩主の座に就任。巻き込まれたお遊羅は穏やかに暮らし、家督継承争いから15年以上後に病死しました。

# 11 名越時敏が描いた奄美の世界

島津家のお家騒動の際、処罰された人物の一人が名越時敏《なごえときとし》(左源太《さげんた》)でした。彼は取り締まりを受けた側に密談《みつだん》の場所を提供したため、奄美《あまみ》大島に遠島《えんとう》(流刑《るけい》)となりましたが、現地で多くの記録を書き残します。後に流刑中に、嶋中《とうちゅう》絵図書調方《えずかきかた》という役職に就き、人々の暮らしや動植物などを絵入りでまとめた『南島雑話《なんとうざつわ》』などの書籍をあらわしました。

『南島雑話』などには、幕末の奄美の生活の様子が詳しく紹介されています。黒砂糖を製造する道具や、現在では国指定伝統的工芸品に指定されている大島紬《おおしまつむぎ》の紡ぎ方など現在につながるものが多くみられます。奄美の人々は島役人《しまやくにん》の一部を除いて大島紬を着ることが禁じられていたため、バショウの葉を煮込んで織った芭蕉布《ばしょうふ》を使った着物を多くの人々が着ていたようです。ほかにも落花生《らっかせい》を使ったクッキーのような菓子があること、多種多彩な味噌を使い、肉や魚、野菜を味噌漬けにして食べていたことなどが記されています。5月5日には船漕《ふなこ》ぎ競争で、8月15日の夜には巨大な綱《つな》を用いた綱引きで、8月15日と9月9日には闘牛《とうぎゅう》でそれぞれ盛り上がりました。

今ではほとんど見られない風習も書き残しています。女性は手にハジチと呼ばれる刺青《いれずみ》を施し、男性は年齢によって髭《ひげ》の生やし方が制限されていたそうです。

動物では猛毒《もうどく》で知られるハブのほか現在では

闘牛の様子やワニなどが
生き生きと描かれています。
伝説のＵＭＡ
ケンムン
名越左源太

天然記念物に指定されているアマミノクロウサギやルリカケスも彩り豊かに描かれており、彼が記した書籍は奄美の文化と自然の豊かさを今に伝えるものです。また伝説の生き物・ケンムンも紹介。5、6歳ぐらいの子どもの体型で頭に皿があり、ガジュマルの上に住む相撲好きな生き物と記されています。カッパに似た点が多いようです。

左源太は約5年の奄美滞在を終え、鹿児島城下に戻ると、寺社奉行《じしゃぶぎょう》などを歴任しました。ちなみに彼の子ども・時成《ときなり》はイギリス留学を経て奄美で暮らします。父が記した書物の世界を現地で見た息子はどのような思いを抱いたのでしょう。

## 不屈の歴史家・伊地知季安

斉宣が隠居したお家騒動の際、喜界島に遠島（流刑）になったのが伊地知《いじち》季安《すえよし》です。

歴史資料整理担当の記録《きろく》奉行《ぶぎょう》を代々つとめる家に生まれた彼は、島津家歴代の和歌などをまとめた書物を編纂《へんさん》。しかし文化5年（1808）から約3年、島で暮らすことになります。

鹿児島城下に戻った後も謹慎《きんしん》が続きますが、個人で研究を続け、さまざまな歴史書物を著しました。藩内外から高く評価されると同時に、周囲からの嫉妬《しっと》も強くなり、藩の命令で手元にあったすべての書物を取り上げられてしまうことになります。しかし季安の業績が藩主・島津斉興の目にとまり、42年ぶりに職務に復帰。はじめは軍事に関する仕事でしたが、斉興隠居直後に記録奉行に就任したのです。

季安が長年かけて編纂した書物のひとつが、鹿児島の歴史資料をまとめた『旧記雑録《きゅうきざつろく》』です。これは季安の子・季通《すえみち》が引き継いで完成させたもので、鹿児島の歴史を研究する上でなくてはならない書物になっています。

# 第2章　斉彬の集成館事業

# 1 島津斉彬の挑戦と失敗

嘉永《かえい》4年（1851）、28代島津斉彬《しまづなりあきら》が薩摩藩《さつまはん》を治めることになります。江戸《えど》での生活が多かった彼は、多くの大名や学者と交流し、多彩な知識で薩摩藩を強く豊かにしようとしました。彼の趣味のひとつは朝顔《あさがお》の栽培であり、しかも遺伝子《いでんし》の法則《ほうそく》を用いて変わった咲き方をする花を咲かせようとしていました。一方で日本画の腕も一流で、現代に残る斉彬の作品は素敵なものばかり。それぐらい斉彬はマルチな才能を持ったお殿様だったのです。

藩主就任の翌年、鹿児島城下の島津家別邸《べってい》・仙巌園《せんがんえん》の隣に、鉄を溶かして大砲を造るため「反射炉《はんしゃろ》」の建設を開始。まわりには、鉄製大砲《てつせいたいほう》製造のためのほかの施設やガラス製造所、薩摩焼《さつまやき》の窯《かま》、蒸気機関《じょうききかん》の研究所なども築かれます。これらの工場群は「集成館《しゅうせいかん》」と名付けられました。現在、この工場群を中心にすすめられた薩摩の近代化事業は「集成館事業」と呼ばれています。

大砲だけでなく、ガラス工芸品の薩摩切子《きりこ》など最先端の品々を生みだし、写真やガス灯の研究にも取り組んだ斉彬。しかし彼の事業は成功だけではありませんでした。清《しん》（中国）を中心に東アジアで人気があった食材の昆布《こんぶ》を養殖《ようしょく》しようと鹿児島湾《わん》に昆布の種石《たねいし》を放ちますが、うまくいきません。真珠《しんじゅ》や白魚《しらうお》の養殖にも挑戦しますが失敗してしまいます。さらにはクマの飼育まで目指しました。内臓や骨で漢方薬《かんぽうやく》の原料をつくろうとしたようです。初めは鹿児島城・

城山に囲いを設けて飼育。次に大隅《おおすみ》半島の佐多《さた》の山奥に放ちますが、その後の記録は残っていません。このほか、百姓が等しく医療を受けられるように各地に病院を設立しようとしたり、育児施設も建てようとしたりしましたが、これらは計画半ばで終わったようです。

失敗を重ねてもあきらめず、新しいことに挑んだからこそ、大きな業績を残すことができたのでしょう。ちなみに昆布の養殖は、斉彬の死後１５０年たってようやく鹿児島で成功します。彼は遠い未来を見据えていたのかもしれません。

# 2 八木称平たちが挑んだ反射炉

近代化による豊かな国づくりを目指し、島津斉彬がすすめた集成館事業の中心が反射炉の建造です。西洋の最新技術を学び、それを支えた一人が八木称平《やぎしょうへい》（玄悦《げんえつ》）という人物です。八木は大坂（大阪）にあった蘭学塾《らんがくじゅく》・適塾《てきじゅく》や江戸、長崎でオランダ語や西洋医学を学びました。中国語、オランダ語、英語の書物をよく読み、思慮《しりょ》深く穏やかな性格で、感情を表に出さない人だったといいます。

幕末《ばくまつ》・維新《いしん》の時代において政治活動に励んだ人たちに比べ、あまり知られていませんが、その頃のオランダ人の記録には、松木弘安《まつきこうあん》（寺島宗則《てらしまむねのり》）と並んで、薩摩藩発展の立役者と評価されています。八木たちは西洋の書物を日本語に翻訳して、西洋の技術を薩摩で導入しようとしました。そのひとつが反射炉です。

反射炉とは、鉄を溶《と》かす施設です。大量の大砲を青銅（銅と錫《すず》を混ぜたもの）、材料費が安い鉄で造ろうと考えたのです。しかし、オランダ語の技術書をもとに、見たこともないものをつくるのだから四苦八苦《しくはっく》。音を上げそうになる家臣を、斉彬は「西洋人も人なり、佐賀《さが》人も人なり、薩摩人も人なり」とはげましました。西洋人も佐賀藩の人（すでに反射炉建造に成功していた）も同じ人間ではないか、薩摩でもできる――という意味です。

薩摩藩の反射炉は、鹿児島にもともとあった技術を応用しています。例えば、鉄が溶ける約

1500度の高温に耐えるために、薩摩焼の陶工《とうこう》の協力で耐火《たいか》レンガを製造します。建物の石組《ぐ》みには、城の石垣《いしがき》の技術を生かしました。

八木たちは、西洋からえた知識と薩摩のものづくりの技術を組み合わせて、反射炉を完成させます。この建物跡が2015年に世界文化遺産の一つになったのです。

八木は反射炉完成後、日本で流行していた伝染病・天然痘《てんねんとう》の治療にも携わり、オランダの天然痘に関する医学書を翻訳して『散華小言《さんげしょうげん》』という書物も残しました。さらに幕府《ばくふ》が開いた長崎医学伝習所《いがくでんしゅうじょ》の取締《とりしまり》にも就任します。

# 3 四本亀次郎と薩摩切子

薩摩藩で、ガラスが作られるようになったのは、27代島津斉興《なりおき》が江戸のガラス職人・四本亀次郎《よつもとかめじろう》を招いたのがはじまりでした。もともとは、薬品を扱う際、酸《さん》にも溶けず、どれくらいの量が入っているかわかる透明《とうめい》な入れ物が必要だったために、ガラス容器が生まれたのです。しかし、28代島津斉彬の時代になると、それだけにとどまらなくなりました。例えば、電気や電灯がなかった時代、船室が暗くならないようにするため、船の灯《あか》り取り用の窓で用いられたりします。

ガラスを工芸品にしたのも斉彬の時代です。薩摩切子の最大の特徴は、透明ガラスの外側に赤や青、緑などの色ガラスを重ね、それを斜めにカットすることによって生まれるぼかし（グラデーション）です。斉彬は、このガラス工芸品を海外に輸出しようと計画しました。金属をガラスに混ぜて色ガラスを発色させ、苦心して赤や青、緑など鮮やかな色ガラスを生産。江戸切子などを参考にしてカットを施し、薩摩切子を誕生させせました。斉彬は手はじめにオランダ海軍やほかの大名への贈り物として活用。斉彬から素敵な切子が届いた旨の手紙をほかの大名が書き残しています。

激動の世で明治初めまで薩摩切子は生産されていましたが、残念ながら明治《めいじ》10年（1877）の西南戦争《せいなんせんそう》後、薩摩切子は鹿児島で作られなくなります。それが100年以上の時を超えて、

赤・藍・緑・黄・紅など
多彩な色ガラスがつくられました
四本亀次郎

昭和《しょうわ》60年（1985）に復活しました。

ちなみにこの亀次郎という男、私生活では少々問題のある人物でした。ある時、酔《よ》っぱらって街中に行き、店先で口論《こうろん》の末、喧嘩《けんか》になったそうです。その結果、ガラスの納品が遅くなったりしたため、ほかの家臣が斉彬に心配の声を漏《も》らしました。しかし斉彬は、「一つの技能に優れた才能を持っている人物は、一癖《ひとくせ》持っていることが多いから、大目《おおめ》に見るように」と述べたといいます。亀次郎の才と、それを認める斉彬の度量《どりょう》が、優美なガラス工芸品を生みだしたのです。

# 4 ジョン・マンと西洋の船

薩摩藩が力を注いだ事業の一つが造船《ぞうせん》でした。ヨーロッパやアメリカの巨大な船が日本近海《きんかい》に出没するようになり、軍艦《ぐんかん》や商船《しょうせん》の建造が必要だと痛感したからです。幕府は巨大な船の建造を禁止していたので、和船《わせん》と呼ばれる日本独自の小さな船だけが造られていました。

そんな中、アメリカで過ごしていた万次郎《まんじろう》が、琉球を経由して薩摩に上陸します。その昔、土佐《とさ》藩（高知県）の漁師だった万次郎は、嵐で遭難《そうなん》して無人島に到着していたところをアメリカの捕鯨船《ほげいせん》に救助されました。ハワイ王国を経てアメリカに到着した万次郎は、西洋の学問や技術を学んだ後、「ジョン・マン」の愛称で捕鯨船の乗組員となり、なんと地球を2周。遭難から10年後の嘉永4年（1851）、日本に帰国してきたのです。

島津斉彬は万次郎を手厚くもてなし、海外の情勢や文化について質問しました。万次郎は薩摩藩士や船大工に洋式の造船技法《ぎほう》を伝え、薩摩藩は西洋と日本の造船技術を組み合わせた船・越通船《おっとうせん》を複数建造。斉彬は仲良くしていた大名たちに越通船を贈っています。また安政《あんせい》2年（1855）、この越渡船に蒸気機関を積んで、日本初の蒸気船「雲行丸《うんこうまる》」が完成しました。

アメリカ人ペリーが我が国に来航した直後、斉彬はもっと大きな船を建造しようと考え、幕府を説得します。大きな船の建造が許されるようになるとすぐに、日本初の本格的な洋式軍艦

「昇平丸《しょうへいまる》」を造りました。

　しかし、困った問題が発生します。洋式の船を造ったことから、見た目だけで外国の船か日本の船かわからなくなってしまったのです。そこで、斉彬は「白地《しろじ》に朱色《しゅいろ》の丸一つ」の旗を日本の船につけることを提案。今の私たちが知っている「日の丸」は幕末まで配色はさまざま、丸の数もバラバラであり、日本を示す旗という認識がありませんでした。斉彬が旗のデザインを統一し、日本の船につける旗にしようと訴えたところ、幕府も受け入れ、「日の丸」が日本の船の印となりました。

　万次郎はその後、出身の土佐藩や幕府に仕えましたが、ヨーロッパの学問を学ぶための学校・開成所《かいせいじょ》の教師として、再び薩摩の地を訪れました。

# 5 山元藤助と寺山炭窯

鹿児島は山林地が多く、江戸時代から林業がさかんでした。樹木をはじめとする藩内山地の品々が、藩の財政を支える貴重なものと考えます。そこで薩摩藩の北東部に御手山《おてやま》という、藩が直接林業をすすめる場所を設置。御手山では木炭やシイタケ、薩摩藩の特産品の一つであった樟脳《しょうのう》（クスから採れる薬品）が生産されましたが、山元一族がプロフェッショナルとして活躍することになります。山元荘兵衛《そうべえ》は御手山支配人に就任。樟脳の生産拡大のため、種からクスの木を育てるための研究を行った人物でした。

もともとは藩の外に販売するために御手山が設けられましたが、鹿児島城下の工場群が本格的に動きはじめると、藩内での需要《じゅよう》も一気に増えました。反射炉や溶鉱炉《ようこうろ》といった鉄の大砲を造るために建設された施設の動力源は火力です。かつて日本各地で石炭《せきたん》が採られ、それを火力の原料としていました。しかし薩摩藩では石炭をほとんど採ることができません。かわりに藩の豊富な森林資源に着目。薩摩の木材を使った木炭とほかの藩から購入した石炭を燃料とし、工場群を動かしたのです。

木炭も火力が強く良質なものが必要となりましたが、それを解決したのが荘兵衛の息子・藤助《とうすけ》です。島津斉彬の期待に応えるため、紀伊《きい》国（和歌山《わかやま》県）まで木炭製造技術を身につける修行に赴きました。50日間、藤助たちは木炭製造について学び、地元の炭焼《すみやき》職人と一緒に帰国。

寺山炭窯跡
（幕末の頃は、上にドーム型の天井がありました）
山元藤助

その後、集成館の裏山にあたる吉野台地に炭窯《すみがま》を3基建設します。江戸時代、この地は薩摩藩の広大な牧場があって使いやすく、そばを藩の主要道路の大口筋《おおくちすじ》が走っていました。さらに、急な山道を越えれば鹿児島湾《わん》の海上ルートを用いて木炭を大量に送ることができたため、選ばれたものと考えられます。

現在、鹿児島市吉野町にある寺山炭窯の跡は、藤助が修行の際に記した図面とよく似ています。彼の努力の成果が150年後にも残っているのです。スダジイという、この辺りによく生えている種類の木が、炭になった状態で発掘されています。また炭窯跡の脇には、炭窯完成直後に建てられた斉彬の業績《ぎょうせき》をたたえる石碑《せきひ》もあります。

# 6 カッパもグーな疎水溝

こんにちは、カッパです。鹿児島では「ガラッパ」と呼ばれていますね。今日は皆さんに僕たちの住みかについて紹介します。

僕たちは川内川《せんだい》など川に住むイメージがあると思いますが、それだけはありません。疎水溝《そすいこう》という水路《すいろ》にも住んでいました。今から300年ほど前、1720年代に21代島津吉貴《よしたか》さんが鹿児島城下に生活用水を引くために築いたものです。実際、冷水の疎水溝で僕らの先祖が力自慢の青年と格闘した話などが『倭文麻環《しずのおだまき》』という江戸時代の伝承《でんしょう》をまとめた書物に記されているよ!!

吉野台地の関吉《せきよし》の地域も僕らの先祖がいた話が残っており、しかも疎水溝も現役です。この疎水溝はもともと、吉貴さんが自らの別邸・仙巌園に水を引くために築かれました。椨木川《あべき》(稲荷川《いなり》)の上流である関吉で川から水を分けます。取水口《しゅすい》からのびる水路は7キロ以上ありました。今も水路の半分は残っており、農業用水などに用いられています。掘られたトンネルは18カ所。さらに一番なだらかなところは水路の傾きはわずか0・07度! これが江戸時代の職人の技術ってやつだ。

この疎水溝を1850年代にさらに利用したのが、28代島津斉彬さんなんだ。斉彬さんは磯の集成館に溶鉱炉(砂鉄や鉄鉱石《てっこうせき》など鉄の原料から酸素を抜きだして銑鉄《せんてつ》というものを生みだすためのところ)や鑽開台《さんかいだい》(砲身《ほうしん》に穴を開ける

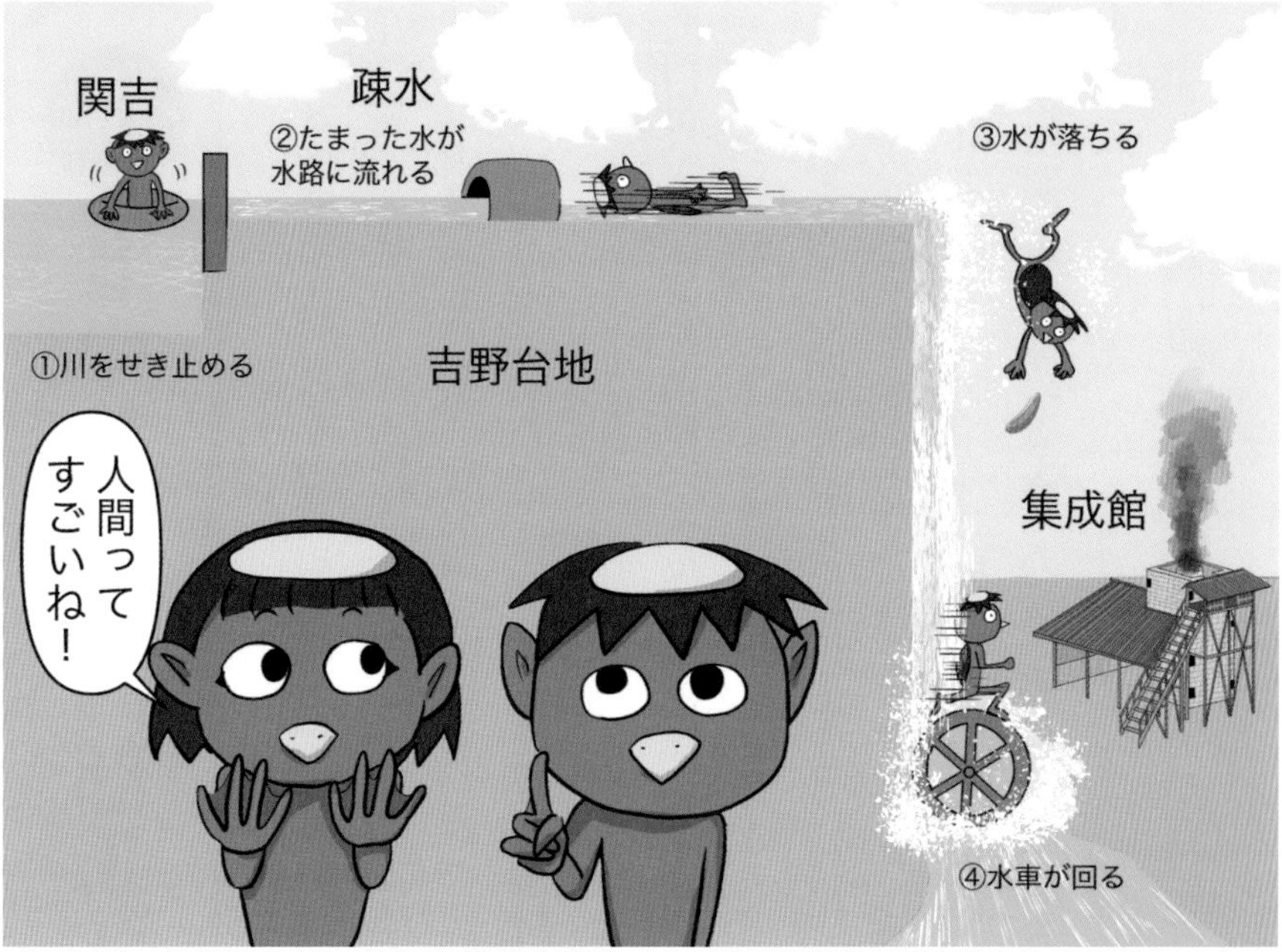


ところ）といった鉄の大砲を造る施設を作っていました。それらの工場群を動かすために水車の力を使ったのです。仙巌園に続く疎水溝の水を途中で分けて、集成館のすぐ上まで伝え、そこから一気に水を落として水車を回しました。なかなか水の量が足りずに困って改良を重ねたそうだよ。

１７２０年代に作ったものが、１００年の時を超え、１８５０年代の工場群で活かされるって不思議でしょ？　吉貴さんも斉彬さんも、彼らを支えた人間の職人もすごいねぇ。このすごさが世界から認められて「世界文化遺産」になったんだ。僕らも鼻高々です。

# 7 老中首座・阿部正弘と江戸幕府

1850年代、日本の政治を率いていたのは江戸幕府の老中首座《しゅざ》・阿部正弘《あべまさひろ》という人物です。彼は福山《ふくやま》藩（広島《ひろしま》県）を治める殿様でした。

正弘は教育施設を充実したり、優秀な人材を抜てきしたりします。海軍整備で活躍した勝海舟《かつかいしゅう》や韮山《にらやま》（静岡《しずおか》県）に反射炉を築いた江川《えがわ》英龍《ひでたつ》などを幕府の重要な職に登用しました。さらに、欧米諸国の船がしきりに接近する時代に、砲台の整備などをすすめる大名を支援。水戸《みと》藩（茨城《いばらき》県）の徳川斉昭《とくがわなりあき》や福井《ふくい》藩の松平慶永《まつだいらよしなが》（春嶽《しゅんがく》）など政治改革を求める人々の声にも耳を傾けます。

そんな正弘が頼りにした人物の一人が島津斉彬です。斉彬と正弘は遠縁《とおえん》にあたり、2人はとても親しくしていました。斉彬はしばしば正弘の江戸屋敷を訪れ、将軍がいる江戸城に登城《とじょう》するため正弘が屋敷を出た後も、斉彬は正弘の屋敷に残るほど仲良くしていたそうです。斉彬の藩主就任を支援した正弘は、斉彬と外交などに関する情報を共有したり、こっそりと手紙を送ったりして交流を深めました。斉彬はペリー来航後、現在の水族館の辺りなど鹿児島城下に砲台を設置。一方、正弘も東京湾に砲台を建設させます。正弘が建設した砲台の跡地が現在の「お台場」です。

ペリー率いるアメリカの艦隊が琉球王国経由で江戸（東京）湾に現れると、正弘は全国の大名などに意見を求めます。斉彬は欧米諸国に対

抗する力を蓄えるためにも海外と交流すべきと意見しますが、ほかの大名の中にはすぐに欧米諸国を追い払うべきという意見が挙がり、世論が二分されました。また、病弱で跡継ぎに恵まれていなかった13代将軍・徳川家定《いえさだ》の後継者をめぐっても問題が起こります。斉彬と正弘は才気あふれる一橋慶喜《ひとつばしよしのぶ》が後継者になる方がよいと考えていましたが、家定と血のつながりが近い徳川慶福《とくがわよしとみ》（家茂《いえもち》）がよい、という意見もあがっており、双方にわかれて対立していました。

世間では、幕府の政治の半分は斉彬の意見によるものである、といわれていたそうです。そのように噂されるほど、斉彬は阿部正弘と手を携えて政治改革をすすめていました。

# 8 中原猶介たちの留学

島津斉彬は産業の近代化をすすめるだけでなく、政治・経済・外交などさまざまな分野をよりよくしようと挑戦しました。そのためには教育の改革が必要であると考えます。

中原猶介《なかはらなおすけ》は斉彬の改革の影響を受けた人物の一人です。鹿児島城下で生まれ、藩の命令で長崎に留学。蘭学（オランダの学問）を学びました。斉彬が藩主に就任すると薩摩にもどり、反射炉や軍艦、電気信号で爆発する装置の製造に携わります。爆発装置は金山の採掘などにも用いられたそうです。彼はその後、江戸に留学し、漢学《かんがく》（中国の学問）や蘭学を学び、藩の軍事改革を担当しました。

その頃、郷中《ごじゅう》教育という藩士の教育システムがありましたが、斉彬は郷中教育の改善を図ります。学問や武芸に励むようさとし、具体的にどのようなことを学んでいるか調べ、決まりごとの見直しを行わせました。藩主が積極的にかかわったことで、若い藩士の学問への情熱が高まったようです。

さらに斉彬は、曾祖父《そうそふ》・重豪《しげひで》が設立した学校・造士館《ぞうしかん》も改革。従来のアジアの学問や武芸のみならずヨーロッパの学問も学ぶよう命じます。ここで学んだ人々が、猶介のように藩外まで学びに行きました。若き薩摩藩士は長崎や大坂（大阪）、江戸（東京）の学問研究施設に留学しましたが、斉彬は彼らの留学補助費用を増やして留学を奨励《しょうれい》。学問を志す若き藩士の見識を

広げさせます。各地の一流の学問所で学んだことを、薩摩藩の近代化や諸改革に役立てようとしました。中にはほかの藩で活躍していた人物をヘッドハンティングして薩摩で活躍させたりもします。

猶介は江川英龍《えがわひでたつ》（韮山《にらやま》（静岡県）で反射炉を築いた人物）がひらいた学問所の塾頭《じゅくとう》（監督者）に就任。帰国後は禁門の変や戊辰《ぼしん》戦争などで薩摩藩を指揮したほか、外交の面でも活躍します。斉彬の人材育成によって生まれた豊富な若い人々が、薩摩を強く豊かな国にする中核を担ったのです。

# 9 斉彬を尊敬してやまない家臣たち

現場の学者たちと親しく交流し、ともに強く豊かな国づくりを目指した斉彬。家臣たちの多くが彼のことを尊敬していました。

市来四郎《いちきしろう》も斉彬を愛した一人です。彼は大砲の知識や化学、西洋の学問を身につけ、斉彬の近代化事業に尽力。反射炉建造や写真研究などに携わります。さらに斉彬からの特命で琉球王国に渡り、現地にいたフランス人と軍艦購入や貿易、留学生派遣について協議しました。琉球名義で軍艦や兵器を買うことを決定しましたが、残念ながら直後に斉彬急死の報告が届きます。市来は仕方なくフランスとの交渉を破棄。斉彬の死後は貨幣の鋳造《ちゅうぞう》などを担当します。

明治時代になって市来は島津家の命により、幕末の薩摩藩の動向をまとめます。特に島津斉彬の業績を書きまとめ、『島津斉彬公御言行録《おんげんこうろく》』という書物を完成させました。斉彬が実施もしくは計画していた事業のほか、どのようなことを言ったのかなどがまとめられています。その中には「斉彬が日本で初めてガス灯の実験に成功した」と紹介されています。確かに斉彬は、石炭ガスを燃焼させて明かりを灯すガス灯の実験に成功し、城下町にガス灯の光を灯そうと計画していました。しかし実際には、斉彬よりも先に別の人が薩摩藩外でガス灯の実験に成功していたのです。もしかしたら斉彬への尊敬の念が強すぎた余り、「日本初」と書き残してしまったのかもしれません。また明治20年代になる

実験成功だ！
斉彬様は
日本初のガス灯の実験
成功や
日本人で初めて写真を
撮った人物です
ちなみに
撮影したのは私です
撮りますよー
うむ！
男湯から潜って
女湯に行き
女中を驚かせました
えっ
そこまで
記録してあるの？
市来四郎

と、幕末の政治に携わった人々で生き残っている人物を招いて話を聞く「史談会《しだんかい》」という団体が設立されましたが、この史談会でも市来はよく斉彬について語り、側近でしか知りえないようなことも話しています。

ちなみに市来と同様に斉彬のことを敬愛していたのが西郷隆盛《さいごうたかもり》ですが、この2人は距離があったようです。西郷は市来のことを「山師《やまし》（詐欺師《さぎし》）」と記し、市来は西郷について乱暴な性格だと書き残しています。斉彬を愛する者同士だからといって仲良くできたわけではなかったようですね。

# 10 薩摩への期待と頼朝の刀

幕府への影響力や大名たちとの交際、そして時代を先駆ける技術研究。薩摩はこれらのことから、ほかの人々から時代を切り拓く存在になると期待されていました。それは鎌倉《かまくら》（神奈川《かながわ》県）の僧侶も同じ思いです。

島津斉興の時代、鎌倉幕府初代将軍・源頼朝《みなもとのよりとも》が使用したとされる笏《しゃく》（手にもつ木製の板）が花尾山平等王院《はなおさんびょうどうおういん》（鹿児島市・花尾神社）に納められました。これは鎌倉にある頼朝の墓を管理する寺院・相承院《そうしょういん》に伝わっていたものでしたが、薩摩の人物がもらい受けて、奉納されたものです。花尾山平等王院は頼朝を祀る場所でしたので、この地に納められたのでしょう。実は江戸時代、島津家は「源頼朝の子孫」と名乗っていました。だからこそ頼朝ゆかりの品物が届いたのです。

ペリー率いるアメリカ艦隊が我が国に来航すると、これから日本がどのようになるか不安がよぎります。そのような頃に、相承院の僧侶は、隠居していた斉興に頼朝が持っていたとされる「髭切《ひげきり》」という刀を贈りました。頼朝が先祖から伝来してきた有名な刀は二振ありましたが、その片方の「膝丸《ひざまる》」とされる刀は、島津家が持っていました。しかし「髭切」は頼朝の死後、彼が幕府を開いた鎌倉に残されていたのです。

相承院の僧侶は次のように期待していたといいます。「平安末期の混迷とした時代に、頼朝が「髭切」と「膝丸」の刀を手にして天下を安

定させました。外国の脅威が迫る中、頼朝の子孫という伝説がある島津家のもとに、時を超えて再び頼朝の二振の刀が揃うことで、この混乱が収まり、平和になるだろう」

650年以上続く武士の世の中をはじめた源頼朝。時代を切り拓いた人物の子孫とされる島津家は、不安な時代に光をもたらすに違いない、と人々から期待されていたようです。

ちなみに頼朝の刀が贈られたのが、島津斉興であったのは、隠居した後も彼の影響が強かったことを示しています。実際に藩主・斉彬が大病を患って政治を行うことができなくなった時、斉興が政務についていました。

# 11 天璋院 篤姫の輿入れ

外交問題などで揺れる幕末。江戸幕府13代徳川家定は病弱であり、子どもがいないまま御台所《みだいどころ》（将軍夫人）を亡くしていました。彼を支えるため、薩摩から輿《こし》入れ（嫁入り）したのが篤姫《あつひめ》です。

家定の祖父・11代徳川家斉《いえなり》は、島津家から茂姫《しげひめ》（広大院《こうだいいん》）を御台所に迎えています。家斉は長生きをして50年も政治を牽引《けんいん》し、また子宝にも恵まれ、50人以上も息子・娘がいました。そこで家定も祖父の先例《せんれい》にあやかろう、ということで江戸幕府から島津家に御台所のオファーが入ったのです。しかし、時の薩摩藩主・島津斉彬の娘には程よい年齢の娘がいませんでした。そのため、今和泉《いまいずみ》（指宿市《いぶすき》）を治めた分家・今和泉島津家の娘・篤姫に白羽の矢が立ったのです。篤姫と斉彬はいとこでしたが、斉彬の養女となり、さらに京都の摂関家《せっかん》（貴族の最高位）・近衛《このえ》家の養女になった上で、家定の御台所になりました。

篤姫の輿入れは盛大なものになりました。嫁入り道具は西郷吉之助《きちのすけ》（隆盛）が取り揃えたものであり、すべてを運び込むのに2カ月かかり、篤姫の輿入れ行列は5キロにもおよんだといいます。彼女は薩摩での生活が恋しかったようで、肌身離さず持っていた掛け軸には鹿児島城下の磯から桜島をのぞんだ絵が描かれていました。一方、積極的に新しい文化に触れる人物だったようで、アメリカから贈られた当時非常

に珍しく高級品だったミシンを使っていたといいます。

鹿児島では狆《ちん》（中国原産の犬）を飼っていましたが、家定が犬嫌いであったため、猫を飼育。はじめはミチ姫、後にサト姫という猫を飼い、御台所が暮らす大奥で働く女性３人がこの飼育係をつとめました。

輿入れ後、島津家と徳川家の橋渡し役をつとめた篤姫。斉彬の意見が幕府に通るよう働きかけを行ったといいます。しかし、輿入れからわずか1年9カ月後、子宝に恵まれないまま、家定は亡くなってしまいました。以後、彼女は天璋院《てんしょういん》と名乗り、幕府の政治を陰で支えることになるのです。

# 12 鍋島斉正の鹿児島入り

島津斉彬が築いた日本初の近代的な工場地帯「集成館」。最先端の工場群を見ようと薩摩藩の外からも多くの人が訪れ、斉彬は視察を歓迎しました。薩摩だけにとどまらず日本全体が強く豊かな国になるべきだと考えていた斉彬は、集成館をモデルにしてほしかったのだと思われます。

福井藩や宇和島藩《うわじま》（愛媛県《えひめ》）、土佐藩（高知県）などから次々と視察団が訪問。その中でひときわ目を引くのは佐賀藩主・鍋島斉正《なべしまなりまさ》でした。薩摩藩主自ら身分を隠して視察団の一員として薩摩を訪問したのです。この時代、参勤交代《さんきんこうたい》の途中以外でほかの大名のところにお殿様が遊びに行くことは極めて稀《まれ》な事例でした。

佐賀藩は海外との窓口だった長崎の守りを任されていたので、斉正は斉彬と同様に西洋諸国のアジア進出に強い危機感を抱いていました。強く豊かな国を目指し、大砲を造るための反射炉の建設や蒸気船の建造、焼き物の海外輸出など、薩摩と似たような取り組みをすすめています。そして両者は大国ロシアに近接する日本の北の守りを懸念し、どちらも家臣に蝦夷地（北海道）の調査を命令。積極的に開拓すべきと考えていたようです。

さらに斉正は斉彬のいとこ（母親同士が姉妹）で、江戸では佐賀藩邸で夜中までお酒を酌《く》み交わすほど仲が良かったようです。斉彬は視察団の中に斉正がいることに気づき、急いで密会用

異文化交流でごあす。
実は殿様なんだけど・・・
鍋島斉正（閑叟）

の御茶屋《おちゃや》（藩主別邸）でもてなしました。

集成館や海岸の砲台などを視察し、鹿児島滞在を楽しんだ鍋島斉正一行ですが、一点だけとまどったことがあったといいます。それは、女中が箸《はし》で漬物をつまんで斉正の手のひらに乗せることです。今でも鹿児島ではお年寄りがそうやってお客様をもてなしますが、斉正は初めての経験だったようです。渋る斉正の手の上に、半ば強引に漬物が置かれました。斉正は薩摩の風習や文化に触れながら、共に近代化をすすめる重要性を再確認したのでしょう。

明治初期、新政府は北海道の開拓を担当する開拓使《かいたくし》を設置。初代長官には鍋島閑叟《かんそう》（斉正）が就任します。わずかな期間の着任でしたが、志を同じくした斉彬の思いも受け継いでくれたのかもしれません。

# 13 カッテンディーケが見た薩摩と女性

薩摩藩が築いた日本初の工場群「集成館」は国内のみならずヨーロッパの人々も訪れました。幕府が長崎に築いた海軍伝習所《かいぐんでんしゅうじょ》で日本人に指導していたオランダ人たちが、島津斉彬の招待を受け、鹿児島に赴いたのです。その中の一人が海軍将校のカッテンディーケでした。カッテンディーケは二度も鹿児島を訪れ、集成館を視察しています。

彼らは山川港《やまがわ》（指宿市《いぶすき》）に着船し、その美しい景色を楽しんだ後、山川まで赴いた斉彬から歓迎を受けます。その後、船で鹿児島城下まで移動しました。

彼らは仙巌園でおもてなしを受け、薩摩藩で造られた日本初の蒸気船・雲行丸や砲台に備えられた150ポンド砲と呼ばれる巨大な大砲、鉄を溶かすための施設やアメリカのものを見本にして作られた農具などさまざまなものを見て回ります。蒸気船に関しては見た目と比べて馬力《ばりき》がとても小さかったり、工場で造られた大砲の出来がイマイチであったりするなど、中には完璧とはいえないものもありました。しかし、彼らは自由に海外の人々やモノに触れられない時代、少ない知識・情報だけを頼りに薩摩の人々がそれらを生みだしたことにとても驚きます。彼らにはお土産として工場で作られた薩摩焼と薩摩切子が斉彬から贈られました。

このような鹿児島の近代化の文物を見学したカッテンディーケでしたが、鹿児島の女性のこ

とについても書き残しました。「鹿児島城下で見かけた女性たちは例えようのない美しい髪であり、髪の結い方もとても気の利いたものだった」「透き通るような薄い夏物の着物を着ており、房々《ふさふさ》とした黒髪であった。同行したオランダの水兵たちが興奮しながらここからもう離れたくないと言っていた」というものです。

オランダとの交易などでえた知識をもとに近代化をすすめた薩摩藩。そのオランダの海軍から、鹿児島の近代化への努力と、美しい女性たちを賞賛《しょうさん》されたことは、斉彬をはじめ薩摩の人々も鼻が高かったことでしょう。

# 14 千住大之助が描いた世界遺産

薩摩藩内から多くの人が訪れた工場群・集成館。訪れた人々は、この工場地帯をどのように評価したのでしょうか。

佐賀藩士の千住大之助《せんじゅだいのすけ》は、集成館一帯を描き残しています。彼は藩主・鍋島斉正に信頼されていた人物で、佐賀藩の学校・弘道館《こうどうかん》で教鞭《きょうべん》をとりました。千住は斉正から斉彬に贈られた電信機を携えて、同じ佐賀藩士の佐野常民《さのつねたみ》（日本赤十字社の創始者）たちとともに鹿児島を訪問。その際、最盛期には1200人が働いていたという集成館などを視察し、その時大之助が目にしたものを絵図にまとめて佐賀藩に提出しました。その絵図が現在、佐賀県に残っています。

彼の絵図には、反射炉をはじめとする鉄製大砲を造るための施設や薩摩焼の窯、ガラス製造施設、蒸気機関の研究所、水車を動かすための水路などが詳細に描いてあります。千住の絵図を見ると、島津家別邸・仙巌園の隣にはところ狭しと近代化のための建物が並んでいたことがわかるだけでなく、建物の面積がどれくらいだったのかも追記しています。これだけ丁寧な集成館の絵図は鹿児島に残っておらず、とても貴重な資料です。千住は集成館だけでなく、点在する近代化のための施設（中村製薬館や滝之上《たきのかみ》火薬製造所、昇平丸を建造した瀬戸村《せとむら》造船所など）や布を織るための機械なども描き残しました。それだけ薩摩で見かけたものが珍しかったということでしょう。

彼が描いてくれたからこそ、
斉彬時代の姿がわかるのです
ありがとう。
千住大之助

このほか、土佐藩から訪れた河田小龍《かわだしょうりょう》は反射炉に驚き、帰国後、彼の教えを受けていた坂本龍馬に欧米の技術の高さを伝えます。オランダ人・ポンペは集成館を視察し「この藩はまもなく日本全国のうちでもっとも繁栄し、またもっとも強力な藩になることは間違いない」と記しています。

国内外から高い評価を受け、多くの人に衝撃を与えた集成館。斉彬が掲げていた「日本を強く豊かな国にする」という夢は、着実に前進していました。

# 15 斉彬の死とポンペ

安政5年（1858）7月、「幕末の名君」と呼ばれた島津斉彬は急死しました。幕府の政治に意見を述べ、ほかに先駆けて近代化を実行した斉彬の存在は大きいものでした。その死はあまりにも突然で、薩摩藩内外に大きな衝撃を与えました。

オランダ軍医ポンペも斉彬の死に驚いた一人です。彼は長崎に医学伝習所を開き、治療を行いながら多くの日本人に西洋の医学を教えていました。鹿児島を訪問し、集成館をはじめとする城下を視察しています。

斉彬の死はポンペが面会して間もなくでしたが、彼は「毒殺された」という噂を聞いたようです。斉彬の夫人も直後に亡くなっていることから、そのように考えられたのだとおもわれます。

死因についてはいろいろな説があります。当時長崎にいた薩摩藩士で医師の松木弘安は、斉彬の趣味が引き金となったと記しています。斉彬は魚釣りをとても好んでおり、自分で鹿児島名物の酒寿司《さけずし》を作っていたということですが、夏の日に自分で釣った魚で酒寿司を作り、一日ねかせてから食べたといいます。その結果、食べ物にあたって亡くなったという情報を弘安はえていたようです。実際に斉彬の主治医は食べ物にあたった際の治療法を試みていました。さらに別の人は、幕末に流行していたコレラや赤痢《せきり》などの病気によると述べています。

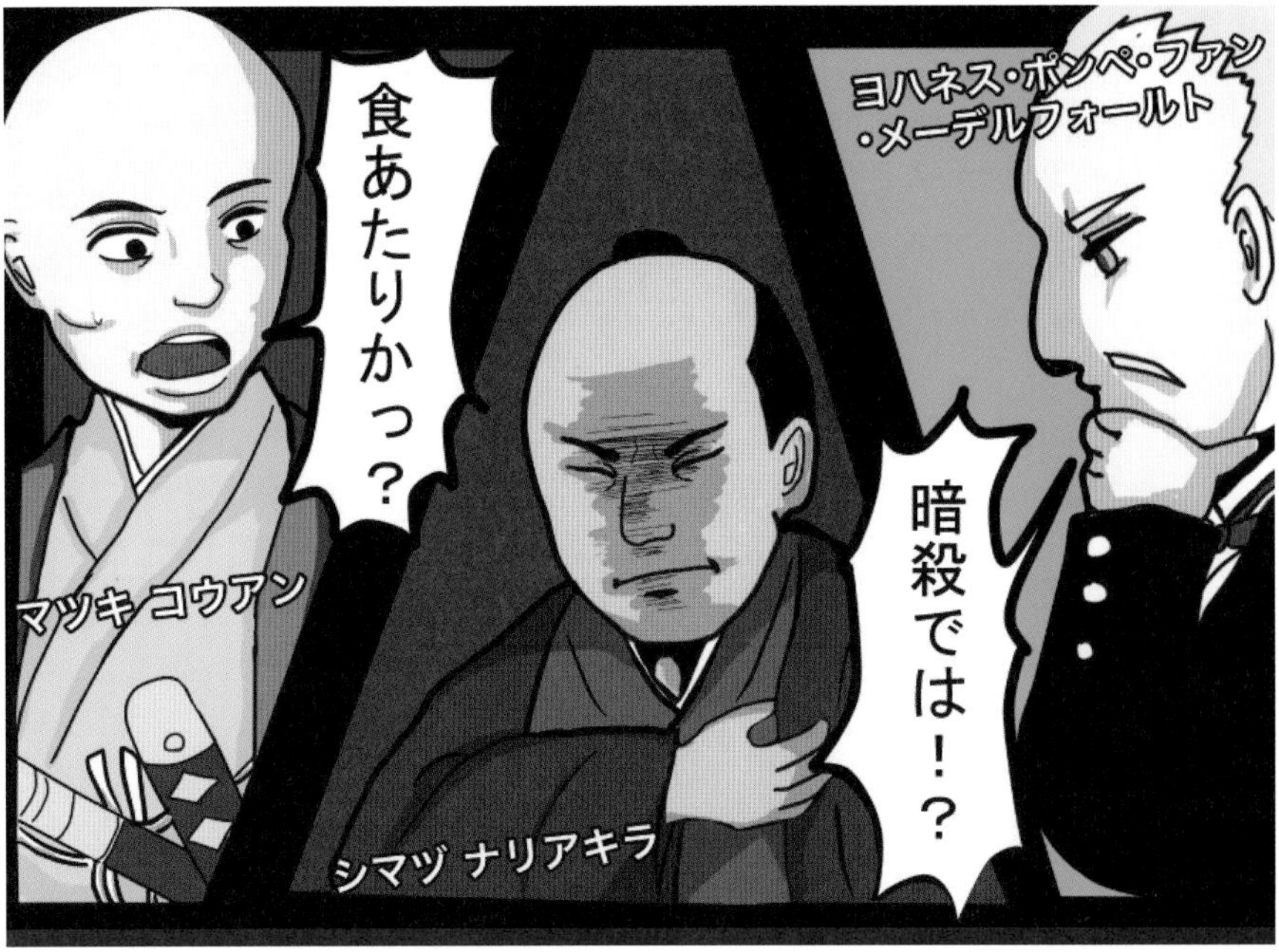


　これだけさまざまな死因があげられるのは、斉彬の死が多くの人々にとってセンセーショナルな事件だったこと、しかも受け入れたくないものだったことの表れと思われます。

　ポンペは斉彬のことを「おそらく日本で最も重要で、これまでにない新しい人物」と書き残しています。海外の人からも日本のキーパーソンと位置づけられていた斉彬。「強く豊かな新しい国づくり」という夢は、彼自身の手で成し遂げることはできませんでした。しかし、彼の背中を追いかけ続けた人々が、夢を引き継ぐことになるのです。

## 奄美の愛加那

　斉彬の死後、西郷吉之助（隆盛）は奄美大島に移ることになりました。彼は生涯で二度奄美に行くことになりますが、最初の奄美滞在時には給料が与えられており、島内を自由に行動することもできたのです。初めは島人たちとの生活に慣れなかった西郷でしたが、子どもたちに勉強を教えたり、鹿児島城下から移ってきた武士たちと交流したりすることで、次第に慣れていきます。

　西郷が奄美で出会った女性が愛加那《あいかな》です。名家の龍家に生まれた彼女は、西郷が島にやってきた安政6年（1859）に西郷と結婚。男女2人の子どもに恵まれました。新居も完成し、暮らしも順風満帆に思えた矢先、西郷が鹿児島に呼び戻されたのです。その頃、島で結ばれた女性は鹿児島に赴くことができず、愛加那は子どもたちとともに奄美に残ります。しばらくして西郷が徳之島に遠島（流刑）となると、愛加那は子どもとともに西郷のもとを訪問。しかし、さらに南の沖永良部島に移されたため、家族は離れ離れになりました。

　明治維新後、2人の子どもたちは鹿児島に赴きますが、愛加那は奄美に残ります。そして夫婦は再会することなく亡くなってしまいました。

# 第3章　国父登場と薩英の衝突

# 1 月照逃避行

安政《あんせい》5年（1858）の島津斉彬《しまづなりあきら》の急死によって、影響を受けた人は多くいました。その中には薩摩藩《さつまはん》外の人もいます。僧・月照《げっしょう》もその一人です。

月照は大坂（大阪）の町医者の息子として誕生。京都・清水寺《きよみずでら》で修行を積み、寺の中にある成就院《じょうじゅいん》というところの住職になりました。しかし、欧米諸国の船が日本近海に度々接近するようになると、国を思う気持ちが強かったためなのか、お寺を無断で抜けだし、このことを理由に隠居させられてしまいます。

その後、彼は隠居の身になったため、比較的自由に政治活動ができるようになります。青蓮院宮《しょうれんいんのみや》（中川宮《なかがわのみや》）をはじめとする皇族《こうぞく》や、近衛忠煕《このえただひろ》といった上級の公家と親交を深めるようになり、彼らのために祈祷《きとう》（お祈り）をしたりしました。さらには孝明《こうめい》天皇とも内々に交流していたようです。近衛家と島津家は古くから親しい間柄であったことから、近衛家を通じて薩摩藩と月照も関係を持つようになりました。月照は、斉彬や青蓮院宮や近衛忠煕とともに、外交問題や将軍後継者の問題などをめぐって政治活動を繰り広げます。そして、斉彬と月照たちを取り持っていたのが、薩摩藩士・西郷吉之助《さいごうきちのすけ》（隆盛《たかもり》）でした。

斉彬が急死した際、彼を師と仰ぐ西郷が後を追って自殺しようとしたのを止めた月照。しかし、彼らと政治的に意見が異なる井伊直弼《いいなおすけ》が

幕府《ばくふ》の政治を主導するようになると、月照は幕府から追われる身になってしまいます。京を脱出し大坂に身を隠しましたが、大坂も危なくなります。そこで彼は西郷の提案を受け、薩摩藩に匿《かくま》ってもらうため、鹿児島に逃れました。しかし斉彬の死後、藩の政治状況が変わってしまっていたため、薩摩藩は彼を匿うことができません。月照は鹿児島から日向《ひゅうが》に向かう途中で斬《き》り殺されることになったため、覚悟を決めた彼は、船の上から西郷とともに真冬の鹿児島湾《わん》に身を投げました。西郷は仲間の救出によって一命を取り留めましたが、月照はそのまま命を落としてしまったのです。

# 2 島津家臣団のせめぎあい

「幕末の名君」島津斉彬の死後、薩摩藩の政治は二転三転します。その背景には、斉彬と父・斉興《なりおき》の外交や経済をめぐる考え方の違いがありました。

斉彬は、彼に期待した幕府やほかの藩主が斉興に隠居を強くすすめた結果、藩主になりました。そのため、斉彬は斉興に気を使い続けていたのです。例えば、藩の財政を立て直した斉興が生みだしたお金の使い方です。「国家の大事」の時に使うと決めていたので、斉彬は近代化のために使いたくても自由に使うことができませんでした。また斉興が取り立てた人々も、自由に辞めさせられませんでした。代表的な人物が黒木《くろき》（薩摩川内市《さつませんだい》）や帖佐《ちょうさ》（姶良市《あいら》）などを治めていた島津久宝《ひさたか》です。

斉彬は藩主になると、父の代の家老《かろう》を残しながら、新たに島津久徴《ひさなが》などを抜てきします。久徴は日置（日置市）を治めていた人物で、西郷吉之助（隆盛）や大久保正助《おおくぼしょうすけ》（利通《としみち》）といった若い藩士たちに人気がありました。久徴の弟は、お遊羅騒動の時に切腹させられましたが、命じた側の一人が久宝です。久宝と久徴のグループは対立しながらも、斉彬が藩主の時代はなんとかうまくいっていました。

しかし斉彬の死後、斉興が再び藩の実権を握ると、状況は急展開します。斉興は財政再建を理由に、集成館《しゅうせいかん》を中心とする近代化事業を縮小、廃止に追い込み、久徴も家老を辞めさせられま

郵　便　は　が　き

料金受取人払郵便

鹿児島東局
承認
105

差出有効期間
2025年2月
24日まで
切手を貼らずに
お出し下さい

892-8790

168

鹿児島市下田町二九二―一

図書出版
南方新社
行

| | | |
|---|---|---|
| ふりがな<br>氏　名 | | 年齢　　歳 |
| 住　所 | 郵便番号　　－ | |
| Eメール | | |
| 職業又は学校名 | | 電話（自宅・職場）<br>（　　） |
| 購入書店名<br>（所在地） | | 購入日　　月　日 |

## 書名　(　　　　　　　　　　　　　　　　　)愛読者カード

本書についてのご感想をおきかせください。また、今後の企画についてのご意見もおきかせください。

本書購入の動機 (○で囲んでください)

A　新聞・雑誌で　(紙・誌名　　　　　　　　　　　)
B　書店で　C　人にすすめられて　D　ダイレクトメールで
E　その他　(　　　　　　　　　　　　　　　　　)

購読されている新聞, 雑誌名

新聞　(　　　　　　　　)　雑誌　(　　　　　　　　)

直接購読申込欄

| 本状でご注文くださいますと、郵便振替用紙と注文書籍をお送りします。内容確認の後、代金を振り込んでください。（送料は無料） | | |
|---|---|---|
| 書名 | | 冊 |
| 書名 | | 冊 |
| 書名 | | 冊 |
| 書名 | | 冊 |

した。
しかし斉彬の死の翌年に斉興も病死します。また事態は逆転。久徴が家老に復帰し、今度は久宝が家老を辞めることになりました。あわせて久徴と同じように斉彬に取り立てられながら、久宝と近い立場と目されていた集成館担当の家老・新納久仰《にいろひさのり》も辞めざるをえなくなります。さまざまな人々が薩摩藩に対する思いをぶつけあいながら、新しい道を切り拓こうとしていたのです。

# 3 雪の中で散った有村次左衛門

薩摩藩が名君・斉彬の死後、不安定だった時期に、国内の政治もまた難問に直面していました。欧米諸国とのかかわり方をめぐって彦根《ひこね》藩主で幕府の大老《たいろう》（政治のトップ）をつとめていた井伊直弼と水戸《みと》藩（茨城《いばらき》県）の前藩主・徳川斉昭《とくがわなりあき》たちが対立。この問題は朝廷を巻きこんで、大騒動になりました。直弼は反対する勢力を切腹や謹慎など厳しく処罰します。処罰された人たちの中には日下部《くさかべ》（海江田《かいえだ》）伊三治《いそうじ》・裕之進《ゆうのしん》という薩摩藩士の父子も含まれていました。彼らは水戸出身の薩摩藩士だったことから、水戸と薩摩をつなぐ役割を果たしていたようです。

この「安政の大獄《たいごく》」と呼ばれる弾圧《だんあつ》に対し、薩摩の若い武士は多くの処罰《しょばつ》者を出した水戸藩の武士とともに、井伊直弼らの襲撃を計画。彼らは藩を抜けだして実行しようとしていました。これに対して薩摩藩は、若者たちの情熱を褒《ほ》め称《たた》えつつも、襲撃を取りやめるよう説得します。結果、薩摩の人物で計画に加わったのは有村雄助《ありむらゆうすけ》・次左衛門《じざえもん》兄弟の2人だけとなりました。

安政7年（１８６０）3月、水戸藩を抜けだした17人と次左衛門は、雪の降る中、井伊直弼の江戸《えど》城入りのタイミングで襲撃《しゅうげき》。警護《けいご》する彦根藩士と斬り合いになります。乱戦の最中、直弼が乗る駕籠《かご》に接近したのは次左衛門でした。薩摩の剣術・薬丸自顕流《やくまるじげんりゅう》の使い手であった次左衛門は、直弼を駕籠から引きずりだし、殺害。

キエエエエ
有村次左衛門
井伊家といったら、
「招き猫伝説」の一族…

首を獲った次左衛門でしたが、その直後に彦根藩士に斬りつけられ重傷を負い、付近で自刃します。21歳の若さでした。

次左衛門の兄・雄助は、襲撃グループとは別行動をとり、京都・大坂で兵を挙げようとしていました。しかし、幕府に雄助がつかまることを恐れた薩摩藩は彼を捕縛《ほばく》し、薩摩に護送《ごそう》します。幕府の追及が厳しくなると、やむをえず雄助は自刃することになりました。

有村兄弟たちの襲撃の結果、大老を失った幕府の政治力は弱体化し、時代は混迷を深めました。有村兄弟の兄・俊斎《しゅんさい》は、後に安政の大獄で死んだ日下部伊三次の娘と結婚。海江田信義《かいえだのぶよし》と名を改めた上、弟たちの志を受け継ぎ、幕末に活躍します。

# 4 種子島の女領主

幕末薩摩藩では鹿児島城下のみならず、藩内各地で豊かな暮らしにするため努力していました。地方でも学校を建てたり、産業を興したりすることがすすめられていたのです。その代表として挙げられるのが種子島《たねがしま》でした。

種子島の改革を率いたのは、隣姫《ちかひめ》（松寿院《しょうじゅいん》）というお姫様です。彼女は26代島津斉宣《なりのぶ》の娘ですが、なんと生後3カ月もしないうちに4歳年上の種子島久道《ひさみち》と結婚します。2人の仲は良かったそうですが、隣姫が32歳の時に久道が死去。2人は男子に恵まれなかったため、彼女は久道の跡継ぎとなる男子を藩に求めました。跡継ぎとして自らの弟・久珍《ひさみち》が決まるまでの15年間、彼女が種子島を治めることになります。しかも久珍が幼い男子を残して亡くなった後、その男子を補佐して彼女が亡くなるまでの11年間、再び種子島の経営を担うことになりました。

彼女は種子島の隅々《すみずみ》を自ら視察。数多くの家臣たちの家を訪れ、領内の改良方法を考えたといいます。

松寿院はあわせて26年間も種子島を治めましたが、その間に数々の事業を行います。例えば、大浦川《おおうらがわ》（南種子町《みなみたねちょう》）の改修工事を合計1万6千人以上の人手で行って田んぼの面積を増やしたり、塩を作るための最新式の製法を用いた塩田を築いたりしました。これらの工事は、松寿院自らがお金を出して実現したものです。さらに、種子島の玄関・西之表《にしのおもて》港の修理にも着手。荷物の

出し入れ場所や防波堤として用いる波止場を築くために、薩摩藩からの支援をえながら、自らも出資して合計２万３千人以上の人手と船７千艘《そう》で３年（工事中断の期間も含む）を費やして完成させました。このほか、種子島家先祖をまつる神社を建て、砂糖の生産もすすめます。
地方創生《そうせい》のために尽力した松寿院。彼女のような人材が薩摩藩内全体を盛り上げ、豊かな国づくりへと向かっていったのです。

# 5 「国父」島津久光

全国で政治が混迷していた時期、薩摩藩では斉彬にかわって新たなリーダーが誕生しました。斉彬の異母弟《いぼてい》・島津久光《ひさみつ》です。彼は斉彬の藩主就任直前のお家騒動（お遊羅《ゆら》騒動）の際に、斉彬の対立候補として目されていた人物でした。しかし、兄弟は互いに認め合った間柄であり、斉彬からは英明さにおいて一目置かれていた人物でした。斉彬は久光のことを「若い頃から学問を好んだことから、見聞が広く記憶力が優れている」と評価しています。

幕府の政治が不安定になると、多くの若い薩摩藩士が藩を抜けだして、自らの意見と異なる幕府の重臣などを暗殺しようとしていました。これに対して、久光は息子で斉彬の跡を継ぎ薩摩藩主に就いた島津茂久《もちひさ》の名義で、彼ら藩士を「誠忠《せいちゅう》の士」であると賞賛するとともに、いずれ一丸となって行動を起こすから今回は自重《じちょう》するように、と藩の脱出をなだめます。その結果、大部分が藩を抜けることを取りやめました。さらに自らの近い親戚のうち、喜入久高《きいれひさたか》や小松帯刀《こまつたてわき》（清廉《きよかど》）など若く有能な人物を藩の首脳部に登用。「誠忠の士」とたたえた若き下級城下士も抜てきします。大久保正助（利通）なども藩の政治に積極的に加わるようになりました。このようにしてさまざまな意見を持つ藩士たちをまとめ、自らを中心とした力強い藩の政治体制を築いたのです。

また久光は、兄・斉彬の志を受け継ぐことを

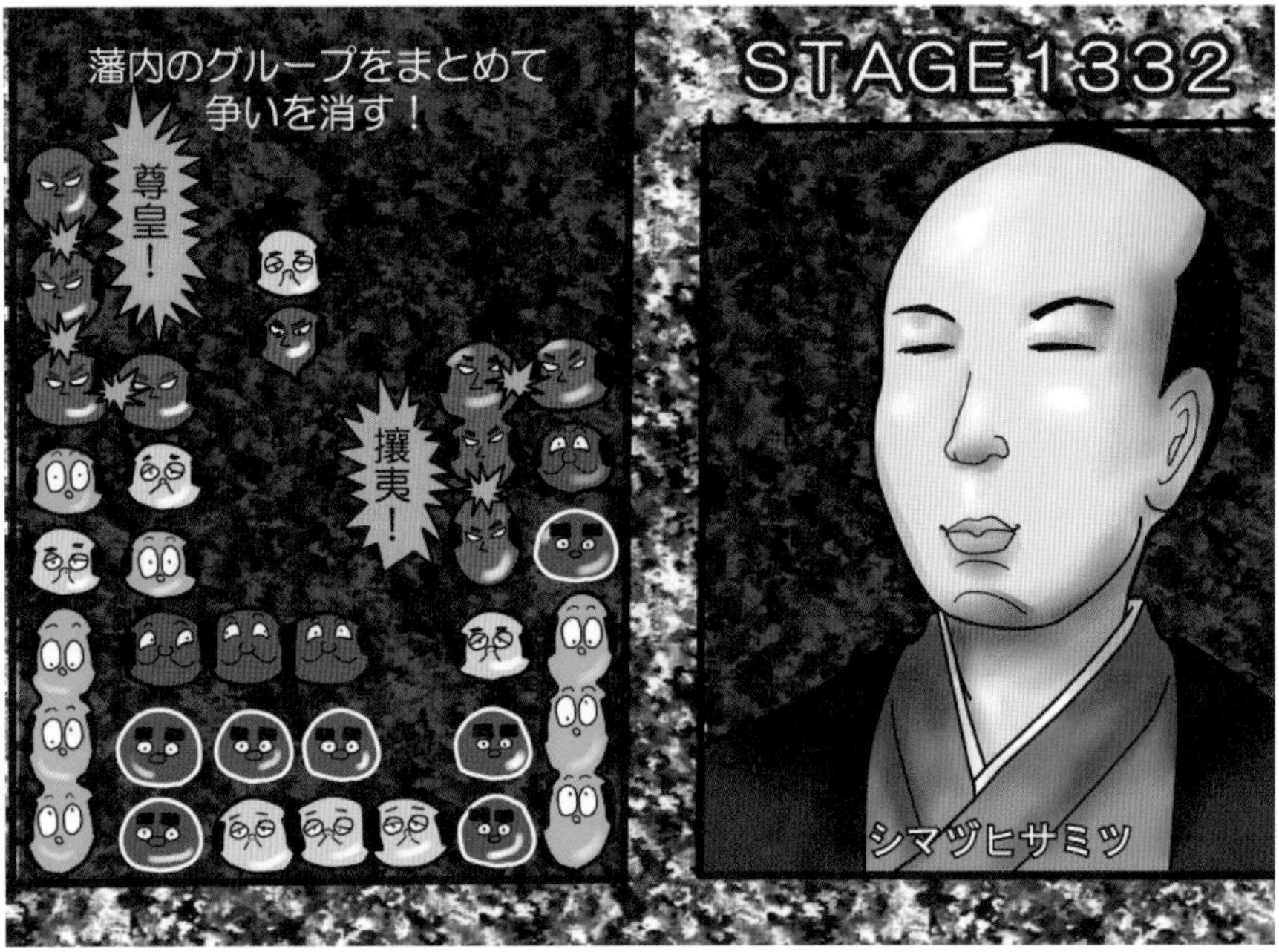
STAGE1332
シマヅヒサミツ
藩内のグループをまとめて
争いを消す！
尊皇！
攘夷！

宣言します。藩士たちに「順聖院様《じゅんしょういんさま》御深志《ごしんし》（斉彬の遺志《いし》）」を掲げて、皆で一丸になろうと訴えたのです。実際に斉彬がすすめていた事業を復活させたり、計画段階だったものを実行に移したりしました。若き藩士たちや学者たちが死後も尊敬のまなざしをむける「幕末の名君」を立て、強く豊かな新しい国づくりに向けて邁進します。

　さらに久光は「国父《こくふ》」という藩内で別格の立場に就きました。そして久光が直接、藩主・茂久や家老たちから藩の政治に関する相談を受けるシステムが確立。彼は息子とともに、小松や大久保、そして西郷らを率いて斉彬の夢の続きを描きはじめたのです。

# 6 久光四天王の台頭

薩摩藩の政治を担うことになった島津久光。彼は兄・斉彬の志を継ぐために、4人の若い藩士を抜てきしました。小松帯刀、中山尚之助《なかやまなおのすけ》（実善《さねよし》）、堀次郎《ほりじろう》、そして大久保正助（利通）です。彼らのことを「久光四天王《してんのう》」と呼ぶ研究者もいます。小松は久光の親戚にあたり、堀と大久保は若い下級城下士を中心としたグループ・精忠組《せいちゅうぐみ》の中心人物でした。彼らは抜てき後、何度も会談を重ね、藩として一丸となって激動の時代に挑もうとします。

久光四天王が真先に取り組んだミッションが「斉彬と親しかった他藩の人々と久光を幕府の政治の中心に据《す》える」というものでした。そのためには薩摩を代表して久光が京都に上ることが必要です。しかし、久光は薩摩では政治の中心人物ですが、幕府からするとあくまで藩主の実の父であり、幕府の政治にかかわるどころか、江戸に赴くにも理由が必要でした。これに対し、まず堀が江戸に上り、予定されていた藩主・茂久（久光の息子）の江戸行きを中止できないか探ります。茂久が江戸に行くと、久光が鹿児島から出づらくなるからです。なかなか思うようにいかない時、堀が実行に移したのが、江戸の薩摩藩邸《はんてい》を火事で燃やすという突拍子《とっぴょうし》もないことでした。この火事によって、藩の屋敷の修繕費用が多額であることを理由に、茂久の江戸行きが延期となります。そして「藩邸の建築費用を幕府から借りることへの御礼」として、久光

の江戸行きが決まりました。そして小松とともに、一橋慶喜《ひとつばしよしのぶ》や松平春嶽《まつだいらしゅんがく》といった斉彬と親しかった面々が幕府の政治を率いられるよう下準備をします。

江戸での動きと同時進行で、中山は京都で活躍。彼らは近衛家をはじめとする島津家と親しい公家に会い、久光が京都に赴くための下準備を用意しました。

彼ら四天王が与えられた役目を果たした結果、久光を中心とした薩摩藩が、日本の政治に大きくかかわるための第一歩が歴史に刻まれたのです。

# 7 柏州和尚と文久の幕政改革

幕府の政治改革に意欲を持つ島津久光。彼は藩兵を率いて京にのぼろうと計画していました。ちょうどその頃、京都に向かおうとしていたのが、大慈寺《だいじじ》（志布志市《しぶしし》）の柏州和尚《はくしゅうおしょう》です。臨済宗《りんざいしゅう》の僧侶である彼は、水田開発事業に力を尽くすなど、地元の人々から信頼されていました。

柏州が京に赴くにあたり、久光の家臣・大久保一蔵（利通）は、兵を率いて久光が京にのぼる計画について彼に説明したといいます。柏州は臨済宗の中でも特に高い位の寺である京都・相国寺《そうこくじ》に入り、同寺の僧侶と朝廷《ちょうてい》にどのように説明すべきか協議。そして相国寺の僧侶の人脈を通じて、密かに朝廷の人物に会うことに成功します。久光の意志を伝え、朝廷から久光の京都入りの許可をえました。

文久2年（1862）、柏州たちの尽力もあり、久光は警備の目的を兼ねて、藩兵を率いて京に向かいます。そして「安政の大獄」の際に処罰を受けた人々の赦免《しゃめん》や復権《ふっけん》、亡き兄・島津斉彬と親しくしていた人々の幕府政治への登用、そして京に多数いた過激な活動をする人々の取り締まりを朝廷に提案します。提案が朝廷に受け入れられた久光は、さらに朝廷の使者とともに江戸に向かい、幕府に政治改革を求めたのです。その結果、一橋慶喜や松平春嶽が政治の中心に立つことになったほか、新たに京都の治安維持のため、京都守護職《きょうとしゅごしょく》が置かれます。さ

らに西洋の学問や軍事研究の推進が決まりました。この改革は「文久《ぶんきゅう》の政治改革」と呼ばれています。藩士や僧侶に支えられて動きだした島津久光。彼の一手が日本の政治を大きく動かしました。

久光の上洛《じょうらく》の機会に、それまで手狭だった京の薩摩藩邸から引っ越します。相国寺から土地を借りて、大きな屋敷を構えました。また相国寺には幕末の争いで亡くなった薩摩藩士の墓が並ぶなど、薩摩との関係が濃厚です。これらは柏州和尚をはじめとする人々との交流の結果なのかもしれません。

晩年、柏州は一時廃寺となった大慈寺の再興《さいこう》に力を尽くしました。現在、彼は自らが復興した大慈寺に眠っています。

# 8 薩摩の貨幣づくりと安田轍蔵

近代化事業や藩外での政治活動など、いずれも実行するために必要なものはお金です。激動の時代を牽引するため、薩摩はさらなる財源を求めていました。そこで着手したのが貨幣《かへい》づくりです。

　貨幣づくりのために招かれたのが、大坂（大阪）出身の安田轍蔵《やすだてつぞう》です。彼は眼科医であると同時に、発明家で、経済にも明るい人物でした。安田は薩摩藩と協力して貨幣鋳造《ちゅうぞう》を計画。薩摩藩は安田に資金を提供し、安田が業務を請け負って琉球通宝《りゅうきゅうつうほう》という琉球で使用する貨幣を薩摩で作ることを幕府に願いでます。本来、貨幣鋳造は幕府の特権でしたが、幕府は琉球《りゅうきゅう》王国のため特別に期間限定でつくることを許可しました。

　許可がおりると、薩摩藩は急ぎ安田に鹿児島に来るよう命じ、安田は江戸の貨幣鋳造職人20人ほどを引き連れて到着。文久2年（１８６２）、藩は集成館の隣に鋳造所《ちゅうぞうしょ》を築いて職人たちに造らせます。しかし、安田にはその仕事をさせず、屋久島《やくしま》に行かせたのです。これは安田との契約をなかったことにして、彼の取り分まで薩摩のものにするためだったと考えられています。また安田が幕府の重臣と親しくしていたことから、スパイだという噂もあったようです。鋳造所は順調に稼働し、７カ月の時点で斉興たちの財政改革による蓄えの半分におよぶ20万両以上の貨幣をつくりました。幕府に許可された琉球

通宝だけでなく、日本全国で流通している天保《てんぽう》通宝という貨幣もつくられました。「琉球」と「天保」と記載されている文字が違うものの、それ以外は大きさや形などはほとんど一緒のものでした。

薩英《さつえい》戦争で鋳造所が焼失すると、別の場所にあらたに鋳造所を建設。鋳造を続けますが、琉球通宝は藩内ばかりでしか使われないため、経済対策として行き詰まります。そこで屋久島から安田を呼び戻し、経済対策を託しました。彼は大坂の商人・三井《みつい》と協力して江戸や大坂、京都、長崎《ながさき》でも琉球通宝が使えるように計画します。

薩摩は琉球通宝や天保通宝だけでなく、二分金《にぶきん》という金貨もつくっていました。これも安田の発案であったといいます。安田轍蔵の計画を用いながら、薩摩は財政を維持しようとつとめていたのです。

# 9 有馬新七と寺田屋事件

島津久光による幕政改革の結果、薩摩藩はより一層幕府や朝廷から一目置かれる存在となりました。しかし、そのような「光」の裏側に「影」となる悲劇が起こっていたのです。その悲劇の主人公の一人が有馬新七《ありましんしち》（正義《まさよし》）です。

伊集院《いじゅういん》（日置《ひおき》市）出身の有馬新七は、幼くして鹿児島城下に引っ越し、成長してから江戸で勉学に励みました。斉彬の時代には、諸国を歴訪して各地の有名な学者などと交流。帰国後には、薩摩藩の学校・造士館《ぞうしかん》で指導するようになった人物です。彼は藩に文武振興《しんこう》のほか、地方教育の場を整備するよう建言するなど、教育者として活躍しました。また石谷《いしだに》村（鹿児島市）の統治を任された頃、若者指導の一環で、悪いことをした人たちに罰として、路面が悪い坂道に石を敷き詰めることを行わせたところ、道路が改良されただけでなく悪事も減りました。この時に造られた石の坂道は、今も残っています。

藩外で有馬は外国人をすぐに追いだし、朝廷の意見を重要視するべきという意見（尊皇攘夷《そんのうじょうい》）を強く主張。仲間とともに京都にいる幕府や朝廷の重臣を襲撃する計画を立てました。久光は幕府をよりよくするために京都に赴いたのですが、過激な尊王攘夷を主張する人々の一部は、久光が自分たちと志を同じくして行動してくれたものと勘違いし、ひそかに京都に集まってきていたのです。しかし、幕府の政治改革のため京都に滞在していた島津久光はこれを聞き、京

都の治安を守るため、襲撃計画を中止するよう使者を派遣します。

使者たちは京都の寺田屋《てらだや》という宿に集まっていた有馬たちに、計画の中止と藩の指示に従うことを求めますが、有馬たちは拒否。その結果、双方は斬り合いとなってしまいます。同じ薩摩藩士同士による激闘の中、有馬は使者と取っ組み合いになって、仲間に自らと使者を貫かせて最期を遂げたのです。

この寺田屋での悲劇は、多数の藩士の命が失われる結果となりました。しかし、この一件で、薩摩藩の「同じ藩士を斬ってでも、朝廷を守るという覚悟」は朝廷から一目置かれるようになり、久光とその側近たちは京都を中心とした政局に深く携わるようになったのです。

# 10 異文化交流のひずみと生麦事件

幕府の政治改革を成功させた島津久光たち。彼らは江戸から本国・薩摩に戻る途中に、とんでもない事件をイギリス人との間で引き起こしてしまいます。

久光は江戸にいた時から、ヨーロッパ人が日本の慣習を知らないまま、あちこち国内に出向いていることを不安に思い、開国直後の日本人との間に問題が起こるのではないかと幕府に訴えていました。その久光率いる行列が生麦村《なまむぎむら》(神奈川県《かながわけん》)に差し掛かった時、馬に乗った男性3人、女性1人のイギリス人グループと遭遇《そうぐう》。彼らは商人として日本にやってきていた人々でしたが、日本の文化や風習を十分理解していませんでした。4人は馬に乗ったまま久光の行列に突っ込んでしまったのです。当時の日本では、大名家の行列を乱した不審者はその場で処罰。久光の警護にあたっていた藩士がイギリス人に切りかかりました。4人のうち、リチャードソンという男性は深手を負い、付近で死亡。残る男性2人も怪我を負います。女性に対しては切りつけませんでした。

痛ましい事件ですが、これに対するその頃の外国人の反応はさまざまです。薩摩の行いを批判的にとらえる人がいる一方、欧米人の中で日本に詳しい人たちは、むしろ悪いのはリチャードソンたちであるという人もいました。その理由としては、久光の行列が通行すると事前に連絡があったにもかかわらず、彼らはそれを無視

Namamugi Village
神奈川宿に泊まる予定が、約５km離れた保土ヶ谷宿で泊まることに…
Hodogaya-juku

して乗馬を楽しみに行ったこと、行列と遭遇したにもかかわらず日本の風習を無視して馬をおりようとも道の脇に避けようともせず、そのまま行列に突っ込んだことが挙げられています。

イギリスからの報復《ほうふく》を恐れた久光一行は、泊まる予定だった宿よりも事件現場から離れた場所で宿泊。幕府には、「作法知らずのイギリス人が行列に乱入したので、岡野新助《おかのしんすけ》という武士が切りつけ、その武士はどこかへ行ってしまった」と報告します。岡野は架空の人物であり、幕府への報告は一部偽りが混ざっていました。一方、被害者を出したイギリス側は、薩摩藩士が殺傷事件を起こしたと幕府に訴え、犯人引き渡しと賠償金《ばいしょうきん》を要求。この事件が当時世界最強を誇るイギリスと薩摩藩との間にさらなる問題を生みだしていったのです。

# 11 出撃!! スイカ売り決死隊

生麦事件でイギリス人を殺傷した薩摩藩に対し、イギリスは圧力をかけます。幕府と薩摩藩にそれぞれ賠償金を求め、さらに薩摩藩には犯人の引き渡しを要求しました。幕府は賠償金を早々に支払うも、薩摩藩は拒否。このため、イギリス海軍の軍艦《ぐんかん》7隻が鹿児島湾に襲来《しゅうらい》したのです。

イギリスが軍艦で脅しながら犯人引き渡しと賠償金を求めたことに対し、日本の慣習に則《のっと》って対応したと主張する薩摩藩はどちらも断ります。議論が平行線をたどる中、しびれを切らしたのか薩摩の若い藩士たちが行動を起こしました。奈良原喜左衛門《ならはらきざえもん》と海江田信義《かいえだのぶよし》の2人は事態の打開のため、イギリス艦への奇襲を計画。呼びかけに応じた若き薩摩藩士は、総勢80人ほど……多すぎです。血気さかんとはまさにこのことです。

衝撃的なのは、その作戦内容。8月の暑い日、日本人はスイカをよく食べますが、イギリス人も同じように思うだろうと考えたのでしょう。彼らはスイカ売り商人に変装します。そして、イギリス艦の人に向かい、スイカの購入をお願いし、艦内に乗せてもらい、陸からの合図を待って一斉に艦隊を乗っ取ろうというものでした。しかし、言葉の壁やうさんくささなどもあってこの作戦は失敗に終わってしまいました。また、藩主の使者に扮《ふん》して軍艦に乗船しようと計画した者もいましたが、イギリス側が「書状を持っ

ている人だけ乗船するように」と伝えたにもかかわらず、「おいは持っちょらん」という藩士が、次から次へとだらだらと乗船しようとします。この「スイカ売り決死隊」の計画が実行されてしばらくすると、薩摩側の動きに不信感を持ったのか、イギリス海軍は湾を北上。重富《しげとみ》沖（姶良《あいら》市）で薩摩が隠していた大事な船をみつけ、それを奪い、乗組員をつかまえてしまったのです。

ちなみに奈良原と海江田の２人こそが、生麦事件の犯人だったといいます。犯人引き渡しを求めるイギリスに対して、犯人自らが船を襲いに来た……なんとも不思議な騒動です。

# 12 薩英戦争と青山愚痴

イギリス艦隊は生麦事件の犯人引き渡しと賠償金支払いを求めて鹿児島湾に襲来。薩摩藩の所有する高額な船3隻を捕らえ、交渉のカードにしようとします。しかし、薩摩藩はこれがイギリス艦隊による敵対行為であるとみなして、交戦を決意。鹿児島城下から艦隊に砲撃を開始しました。この時、古い砲術を教える青山《あおやま》愚痴《ぐち》（善助《ぜんすけ》）も生徒を率いて桜島の南西に浮かぶ沖小島《おこがしま》で待機します。

あくまで交渉をするつもりだったイギリス側は、薩摩からの突然の砲撃にあわて、さらに台風の真っただ中であったため、当初は陸地にいる薩摩側が有利にすすめました。薩摩藩は旧式であったとはいえ、当時西洋社会でも現役として用いられた大砲を所持し、斉彬が整えた砲台で攻撃。イギリス側は最先端のアームストロング砲を駆使しますが、実戦で用いたのが初めてだったため、なかなかうまくいきません。7隻の艦隊すべてが薩摩からの砲弾を受け、1隻は自走不能になります。

しかし、イギリス艦隊は態勢を整えると、鹿児島城下の砲台と工場群・集成館を砲撃し、焼き払いました。城下町も10分の1を焼失。1日半におよぶ戦闘による死傷者は、イギリス側が63人、薩摩側は約20人でした。

イギリス側は鹿児島湾を撤退する際、青山のいる沖小島の近くを通ろうとします。これに対して待っていたとばかりに青山は砲撃。しかし、

彼の小さく古い大砲では全く届きません。しかし、これを見た艦隊は進路を変更しました。実は進路を変更しなかったら、沖小島と桜島との間に用意していた水雷《すいらい》という爆破装置が待ち受けており、艦隊にさらなる被害が出たものと考えられます。

青山愚痴の教え子には、戊辰《ぼしん》戦争や西南《せいなん》戦争で活躍した野津鎮雄《のづしずお》や日清《にっしん》戦争で活躍した井上良馨《いのうえよしか》などがいます。彼らを含めた薩摩藩の人々は、この戦いを通じて西洋社会と武力で争うのではなく、協力して新しい国を作ることの必要性を学んだのです。

# 13 重野安繹と和平交渉

世界最強といわれたイギリス海軍と激しく戦った薩摩藩。痛み分けに持ち込みましたが、砲台も焼失しており、次に攻めてきたら同じようにはいきません。薩摩藩としては、砲台の修理や城下町の復旧をすすめながら、なんとか和平交渉をする必要がありました。

この時にイギリスと横浜《よこはま》で和平交渉したメンバーの一人が重野安繹《しげのやすつぐ》です。彼は造士館や江戸で学んだ人物ですが、金銭トラブルで一時奄美《あまみ》大島《おおしま》に遠島《えんとう》処分（流罪《るざい》）を受けます。島では同じく奄美にいた西郷吉之助（隆盛）と親しくしていました。島の女性との間に女の子も恵まれますが、鹿児島城下に戻り、造士館でつとめます。薩英戦争直前には、鹿児島湾に襲来したイギリス軍艦に藩代表の一人として赴き、生麦事件の賠償金支払いや犯人引き渡しなどについて対日外交トップのイギリス代理公使《こうし》ニールと交渉しました。

重野たちの3回におよぶ和平交渉の結果、生麦事件の賠償金を薩摩藩が支払うこと、犯人は見つけ次第イギリスに引き渡すことなどが決定。しかし、賠償金は幕府が立て替えて支払い、薩摩藩はそのまま踏み倒します。また、犯人が明らかであるにもかかわらず、薩摩藩は捜索中とし続けて、引き渡すことはありませんでした。さらに、最後の交渉の際には、薩摩藩は軍艦購入の仲介依頼や留学生のイギリス派遣を打診。それに対してイギリス側も丁寧にアドバイスす

るなど、双方は急接近しました。最終段階では薩摩側からイギリス側にかご入りのミカンがプレゼントされたといいます。

和平交渉を経て、イギリスと薩摩は互いをよく知ることができ、良好な関係を築くことに成功します。鹿児島城下には開成所《かいせいじょ》と名付けられた洋学校が建てられ、そこでは英語の学問も教えられました。アメリカ帰りの万次郎《まんじろう》や、「日本郵便の父」といわれる前島密《まえじまひそか》もここで教鞭をとります。

重野は後に学問分野で活躍。明治時代には歴史学者・日本初の文学博士としてその名をとどろかせました。

## スパイ南部弥八郎

薩英戦争の和平交渉時にはスパイ・南部弥八郎《なんぶやはちろう》も陰で活躍しました。彼はどこで生まれたかよくわかっておりませんが、情報収集目的で雇われたようです。

彼は通訳や翻訳者、福沢諭吉を含む幕府の西洋学問所の関係者を通じて、西洋の人々が暮らす横浜の情報を収集し、薩摩藩にもたらします。その中でイギリス側が戦いを勝利と思っていないこと、鹿児島の市街地を砲撃したことがイギリス本国で問題視されていることなどの情報を入手。これらの情報をもとに薩摩藩は和平交渉に臨みました。

南部がもたらした情報をもとに薩摩藩はよりよい交渉を行うことができ、この後、イギリスと良好な関係を築くことに成功します。和平交渉後も南部は情報収集を続け、香港にも赴きました。しかし、薩摩と旧幕府が対立した戊辰戦争の直前、旧幕府を支持する面々に捕まってしまったようです。明治時代には開成所で一時つとめた後、外交官として北京や上海に赴きました。

# 第4章　海外雄飛と新時代の足音

# 1 高崎正風と8月18日の政変

幕府《ばくふ》の政治改革を率いた島津久光《しまづひさみつ》。しかし、彼はイギリスへの対応などのため、政治の中心である京都や江戸《えど》に長く滞在することができませんでした。京都の治安を守る京都守護職《しゅごしょく》に会津《あいづ》藩主・松平容保《まつだいらかたもり》とともに久光も就任するよう求められていましたが、断らざるをえません。さらに公家《くげ》（貴族）を暗殺した容疑が薩摩藩にかけられていたため、京都における薩摩藩の立場は危うくなります。

その間、京都で発言力を強めていたのが長州《ちょうしゅう》藩（山口県《やまぐち》）です。彼らは過激な思想を持つ公家とともに、外国と結んだ条約を破棄して即刻外国人を日本から追いだすべきだと主張しました。そして天皇に大和国《やまと》（奈良県《なら》）まで赴かせ、外国人を追いだすよう祈願させようとします。しかし、長州藩の過激なやり方は、京都でも反対する人物がおり、彼らは久光を中心とした薩摩藩に事態の改善を強く望むようになります。この時、活躍したのが薩摩藩士の高崎正風《たかさきまさかぜ》です。彼はお遊羅《ゆら》騒動の時に父が切腹し、自らも奄美大島《あまみおおしま》に遠島《えんとう》（流刑《るけい》）。鹿児島城下に戻ってきた頃から和歌に勤《いそ》しみます。京都に上ると、鍛えた和歌の腕前で、公家の中川宮《なかがわのみや》（青蓮院宮《しょうれんいんのみや》）と親しくなりました。正風は、中川宮から長州に対する対応策を求められたため、過激な公家たちを追いだすために会津《あいづ》藩（福島《ふくしま》県）と協力することを提言。京都守護職・松平容保とその家臣に状況を説明し、京都に多数兵

力を持つ会津藩の力を借りることに成功します。さらに天皇と近衛《このえ》家をはじめとする有力な公家を説得しました。

天皇の大和行幸の実行直前、朝廷《ちょうてい》の警備を会津や薩摩を中心とした諸藩が担い、長州藩や過激な公家に立ち入らせないようにしました。その上で、彼らを京都から追放したのです。この事件は、行われた日付から「8月18日の政変」と呼ばれています。立役者であった正風は、この事件の後、朝廷や幕府から褒美が与えられました。一方、長州藩はこの事件から巻き返しをはかるため、さらに大きな騒動を起こすことになるのです。

高崎正風は、会津藩との交流が深かったため、後に薩摩が会津と対立すると、ほかの薩摩藩士と対立しました。明治時代には政治だけでなく和歌の世界でも活躍しました。

# 2 長崎丸事件と宇宿彦右衛門

長州藩は「8月18日の政変」で京都から追いだされた後も、外国人を国内から追い払うため過激な行為を続けていました。藩に隣接する関門《かんもん》海峡を通過する西洋船に対して砲撃を加えたり、それを中止するよう派遣された幕府の船を奪い取ったりしていたのです。その被害の対象は薩摩藩にまでおよびました。

薩摩藩が幕府から借りていた蒸気船・長崎丸《ながさきまる》が真夜中に海峡を航行していました。この船には、島津斉彬《なりあきら》のもとで近代化事業に携わっていた宇宿彦右衛門《うすきひこえもん》など68人が乗っています。彼は反射炉《はんしゃろ》の建造をはじめ、写真、電信、造船など数多くの分野で活躍した人物です。斉彬を撮影した銀板《ぎんばん》写真は彦右衛門が撮ったものといいます。船が大坂から長崎に向かう途中、関門海峡を通過していたところ、突然、長州藩から砲撃を受けました。事前に薩摩と長州との間で、外国船と間違えないよう、夜間は大きな提灯《ちょうちん》を灯して目印にするよう協議されており、長崎丸はそれを行っていましたが、攻撃されてしまったのです。長崎丸は砲撃を避けようとしますが、船内で火災が発生してしまいます。ちょうど船に積んでいたのが綿。よく燃える積み荷であったため、火事は広がります。この結果、海に投げだされた乗組員が28人も亡くなってしまいました。この中には宇宿彦右衛門や船を操る技術を持った人々も含まれていたのです。調所の財政改革を支えていた8代目濱崎太平次《はまさきたへいじ》

の息子も乗船していましたが、彼は運よく助かりました。

砲撃した船が薩摩藩のもので、沈没したことに気づいた長州藩は、藩の重役を通じてお詫びの手紙を送ります。島津久光はこのお詫びを受け入れました。しかしこの後も、薩摩の商船・加徳丸《かとくまる》が長州藩内に停泊していたところ、船主が殺され、船が積み荷ごと焼き払われるという事件が起こります。これらの事件を通して、薩摩は長州に対して、強い懸念を持つようになります。

# 3 禁門の変と税所篤

薩摩藩と会津藩によって京都から追いだされた長州藩。一方、島津久光は一橋慶喜《ひとつばしよしのぶ》（15代将軍徳川慶喜《とくがわ》）たちとともに、参預会議《さんよ》という会議に参加。力のある藩主やその一族が集まるこの会議に参加し、幕府の政治にかかわることになりました。しかし、外国との交流や長州藩への処罰をめぐる問題で、会議メンバーは対立し、わずか数カ月で会議は崩壊してしまいます。この様子をみていたのが、長州藩でした。彼らは、再起をかけるため、軍勢を京都に送り込み、長州藩を許すよう圧力をかけます。一部の公家はこれに驚いて、長州藩を許そうと考えましたが、孝明天皇はこれを拒み、幕府を中心とした軍勢と長州藩が京都で戦うことになったのです。

この時、薩摩藩の兵を率いた一人が、税所篤《さいしょあつし》です。彼は西郷吉之助（隆盛）と同じ年に生まれ、島津斉彬に認められて幕府がひらいた長崎海軍伝習所《かいぐんでんしゅうじょ》に派遣されました。西郷が鹿児島湾に身投げすると、息を吹き返すまで看病し、西郷の奄美生活の支援もします。また大久保一蔵（利通）とも親しく、大久保は税所の仲介もあって久光に抜てきされたといいます。

彼は、長州藩との戦いの際に薩摩の家老《かろう》・小松帯刀《こまつたてわき》のもとで参謀《さんぼう》として参加。3発の銃弾を浴びながらも指揮を続け、敵部隊を撤退させる活躍を見せました。税所を中心に薩摩藩は武功を挙げ、長州藩は撤退。幕府はこの「禁門《きんもん》の変《へん》」で勝利すると、そのまま長州藩に攻め込も

うとしましたが、薩摩藩としては国内で長期間の戦争が起こることはよくないと考えていました。そこで税所篤は、西郷、吉井友実《よしいともざね》とともに長州藩に降伏するよう説得します。そして、幕府の長州攻めをギリギリで回避させることに成功しました。

長州藩との戦いの結果、薩摩藩は軍事力の高さを示すこととなり、政治の舞台でそれまで以上に力を持つことになったのです。明治維新の後、税所は大阪や奈良の発展に力を尽くしました。

# 4 集成館の再興と竹下清右衛門

日本初の工場群・集成館《しゅうせいかん》は、薩英《さつえい》戦争で焼失してしまいました。戦争の際に斉彬が育てた技術が役に立ったと痛感した薩摩藩は、戦後、日本を強く豊かにしようと夢が詰まったこの地を再興《さいこう》します。

これにかかわった人物が竹下清右衛門《たけしたせいえもん》です。はじめ斉興が築いた鋳製方《いせいほう》で青銅《せいどう》製の大砲をつくっていましたが、斉彬の時代に反射炉《はんしゃろ》の建造に携わります。その後、江戸で学んでいる時に、水戸《みと》藩（茨城《いばらき》県）の求めに応じて、水戸の反射炉建造にも協力。斉彬の死後、竹下はオランダ人が設計を担当した長崎製鉄所《せいてつじょ》を視察。家老の小松帯刀に働きかけ、さまざまなオランダ製の機械を発注しました。さらに薩英戦争の翌年、蒸気機関を用いた機械工場の建設に着手し、1年がかりで完成させます。この工場では大砲を造ったり、船を修理したりするための機械が並んでいました。

新たに築かれた集成館機械工場は、長さ78・2メートル、幅13・6メートルと、とても大きな建物です。石づくりの工場であることから、洋風な外見であり、長崎にあった工場を参考に建てられたことがわかります。しかし、外壁の下の方には「亀腹《かめばら》」と呼ばれる日本の寺院・神社で見られる建築技法が取り入れられています。窓のアーチの部分も、ヨーロッパで見られるようなアーチ構造と呼ばれる小さな石を組み合わせて作るのではなく、大きな石を切ることで曲

竹下清右衛門
外壁は小野（鹿児島市内）で採れた石を使っています。

線を生みだしています。また、屋根を支える内部構造は、洋風のものを参考にしつつも、和風建築のものを用いており、壁の石の組み方も日本らしい構造です。竹下たちはオランダ人が建てた工場を参考にしながら、日本の伝統的な建築技術を応用して建てたのでした。

竹下たちは機械工場以外にもさまざまな施設を建設し、集成館を復活させました。そして再び日本を強く豊かにという斉彬の志を皆で実現するため歩みはじめたのです。

# 5 薩摩藩英国留学生、海へ

島津斉彬は薩摩藩と琉球《りゅうきゅう》王国の人々をフランスに留学させようと計画していましたが、彼の急死によって実現しませんでした。薩英戦争を経て、イギリスと親しくなった薩摩藩は、イギリスへの留学生派遣というかたちで斉彬の志を受け継ぐことになります。

選抜された留学生は、洋学校・開成所《かいせいじょ》で優秀な成績を収めていた人物や、将来藩の重役を担う家柄の若者など15人。藩の洋学校・開成所の学頭《がくとう》（代表）をつとめる町田久成《まちだひさなり》が率い、最年少は13歳の長澤鼎《ながさわかなえ》でした。さらに使節として、代表をつとめる新納久脩《にいろひさのぶ》、海外渡航経験のある松木弘安《まつきこうあん》（寺島宗則《てらしまむねのり》）、通訳の堀孝之《ほりたかゆき》、そしてこの渡航計画の提案者・五代友厚《ごだいともあつ》の4人が加わり、合計19人がイギリスに渡ることになります。海外への渡航は禁じられていたので、彼らは名前を変えた上、「甑島《こしきしま》・奄美大島《あまみおおしま》周辺の調査」という名目で大役に任命されました。しかし、西洋人を追い払うべきと強く思っていた人も中にはおり、出発直前に数人が辞退。新たに追加メンバー2人が選ばれます。

一行は鹿児島城下を出発し、羽島《はしま》（いちき串木野《くしきの》市）に到着。乗り込む船を待つ間、勉学に勤しみます。長崎で渡航の手配を整えていた3人が合流し、蒸気船・オースタライエン号に乗り込み出発しました。船の手配をはじめとする渡航にかかわることは、長崎にいたイギリス商人グラバーも支援します。

この直後、刀を取り上げられることを
彼らはまだ、知らない…

彼らが船に乗り込むと、すぐに刀を取られてしまいました。船の中からして外国人ばかりなのですでに異世界。はじめは船酔いもひどく、西洋料理にも慣れず、味を感じるのはミカンと米ぐらいだと書き残しています。またメンバーは異世界に馴染むため、ちょんまげも切っていきます。

イギリスまでの旅はおよそ2カ月。異世界に挑んだ若き侍は、日本を「強く豊かな国」にするため、予測不能な世界に飛び込んでいったのです。

# 6 薩摩スチューデントの冒険

まだ見ぬ世界に旅立った薩摩藩の留学生たち。彼らはイギリスまで約2カ月の船旅の途中、東西文化の交流を果たします。はじめに訪れた香港の地ではガス灯の街並みに遭遇。かつて島津斉彬の時代に実験していたものが、街並みに実用化されていることに驚きました。「サンデー（日曜）」には仕事をせず、早朝に教会で祈った後は遊ぶというキリスト教の生活も記しています。

シンガポールでは、パイナップルを食べましたが、「松かさ果物」と書き残しています。そしてこの地を離れる時に目撃したのが、旅路の際、家族と別れる時にかわされる口づけ。夫婦で何度もする姿や親が子にキスをする姿に、留学生一行は衝撃を覚えました。留学生が砂漠で夢中になったのが「ラクダ」。「疾風《しっぷう》のような速さ」と記録しているのが蒸気機関車。道中で見るものすべてが新鮮だったことでしょう。

彼らは産業革命で成長していたイギリスに到着。すると、イギリスの新聞は、彼らの動向を報道するようになります。製鉄工場の視察に訪れたり、農機具の利用に挑戦してみたり……。長州藩が密かに派遣していた留学生3人とも遭遇《そうぐう》。彼らはサロンを形成し、情報交流をするかたわら、生活資金に困っていた長州藩士たちにカンパして支えるなどもしています。彼らの一部はドーバー海峡を越え、プロイセンやフランス、ロシアまで視察に赴いた人もいました。

また留学生のうち6人は、アメリカに渡り、共同生活を送ります。

使節4人はイギリス外務省と外交交渉を行ったり、イギリスの工場やヨーロッパ各地を視察したりしました。

この薩摩藩英国留学生と呼ばれた19人の中から、開成学校《かいせいがっこう》（東京大学の前身）の初代校長・畠山義成《はたけやまよしなり》、ヨーロッパ諸国の公使《こうし》として外交で活躍した鮫島尚信《さめしまなおのぶ》、サッポロビールの生みの親・村橋久成《むらはしひさなり》、東京国立博物館の生みの親で初代館長の町田久成など、明治日本の多種多様な分野の第一線で活躍する人物が輩出されました。最年少参加者の長澤鼎は、商人グラバーのふるさとにある学校で学び、優秀な成績をおさめた後、アメリカに渡ります。そしてカリフォルニアのワイン王と呼ばれる大地主になりました。

# 7 グラバーと薩長の接近

京都を舞台に政治が混迷を深めた時代、欧米諸国の商人は、開国したての日本を舞台に、一攫千金《いっかくせんきん》を狙おうとしていました。その中の一人が長崎を拠点としたイギリス商人・グラバーです。彼の邸宅は「グラバー園」として長崎を代表する観光地になっています。彼は日本の生糸や茶を海外に輸出し、欧米の軍艦や武器・弾薬を日本国内に輸入していました。また、激動の時代の中、幕府や薩摩、長州、土佐などの派閥《はばつ》にとらわれずに交易し、多彩な人脈を手に入れます。

グラバーの日本での活動は、交易だけにとどまりません。薩摩藩と長州藩双方の留学生のイギリス渡航を手助けしたり、蒸気機関車の走行や炭鉱開発に挑んだりしました。薩摩はグラバーを通じて船を購入したほか、小松帯刀、五代友厚と共同で、長崎に船を修理するための施設を建設。完成した小菅修船場跡《こすげしゅうせんじょうあと》は「明治日本の産業革命遺産」を構成する史跡として、世界文化遺産に登録されています。このほか、薩摩藩が奄美大島に4つの白砂糖製造工場を建設する時にも彼は協力しました。

グラバーは高杉晋作《たかすぎしんさく》や井上聞多《いのうえもんた》（馨《かおる》）、伊藤俊輔《いとうしゅんすけ》（博文《ひろぶみ》）といった長州藩士を長崎で匿《かくま》ったこともありました。そのような中で、グラバーの最大の交易相手であった薩摩藩は、長州藩士と関係を築くことになります。長崎で薩摩藩が出会った長州藩士は、外国を追いだそうと

# トーマス・ブレーク・グラバー

過激な行動をする人々ではなく、強く豊かな国づくりの土台を求めていました。小松は長崎にいた井上や伊藤を支援。幕府によって武器購入が監視されていた長州藩のため、薩摩藩名義で買った大量の近代銃を薩摩藩の船に乗せて長崎から長州藩に運びます。

　長州藩主の毛利《もうり》父子は、島津家に対して武器購入に感謝の書状を送りました。書状には、薩摩藩に対する今までの敵対心がとけたことや、今後協力して天皇を中心とした国づくりに励んでいきたいといった希望まで記されていたのです。グラバーのビジネスが、薩摩と長州という犬猿の仲を接近させたのでした。

# 8 坂本龍馬と薩長同盟

対立していた薩摩と長州が徐々に接近する中、両者の橋渡しをした人物が坂本龍馬《さかもとりょうま》です。彼は土佐《とさ》藩（高知《こうち》県）を抜けだして幕府が開いた神戸海軍操練所《こうべかいぐんそうれんじょ》に所属していました。しかし、長州藩が京都に攻め込んだ禁門の変の後、海軍操練所が廃止になると、薩摩藩に匿《かくま》われることになります。薩摩は長崎丸事件で船を扱う人材を失っていたため、船の扱いに長《た》けた海軍操練所の面々を庇護《ひご》し、彼らに交易のための船を貸与《たいよ》。龍馬は以前から長州藩士と交流があったため、同じ土佐出身の中岡慎太郎《なかおかしんたろう》とともに、薩摩と長州のパイプ役をつとめるようになりました。

その頃、幕府は第一次長州征伐で降伏した長州藩に再び攻め込もうという計画を立てていました。これに対して薩摩藩は、すでに長州藩が処罰を受けていることなどを理由に反対。大久保一蔵《おおくぼいちぞう》（利通《としぞう》）は幕府や朝廷に長州藩攻めを避けるよう交渉。西郷吉之助（隆盛）は大久保の尽力を書状にまとめ、龍馬を通じて長州藩に報告しました。一方、長州藩士の木戸寛治《きどかんじ》（孝允《たかよし》）は密かに京都の小松帯刀の屋敷に隠れ住み、状況を見守ります。いよいよ幕府の長州攻めが決定しようという時、ついに坂本龍馬の立会いのもと、薩摩と長州の提携が決まりました。

薩摩藩は小松帯刀と西郷吉之助が代表となり、長州藩を救うための6項目を取り決めます。

例えば、長州藩が幕府に攻められた時は、幕府をけん制するため、大坂（大阪）や京都に薩摩藩は軍兵を送りこむこと。薩摩藩は朝廷に対して長州藩を許すようとりなすこと。長州藩が許された後、両藩で協力して天皇を中心とした新しい国づくりに力を尽くすこと、などです。

幕府は長州藩に攻め込みますが、薩摩を中心に多くの藩が幕府軍には不参加。薩摩の支援を受け、最新の武器弾薬を備えた長州藩は幕府軍を圧倒。龍馬も長州藩の援軍として船で幕府と戦いました。さらに薩摩と長州で協力して商社を設立する計画も浮上するなど、「強く豊かな新しい国づくり」の第一歩が刻まれたのです。

# 9 龍馬の休日と吉井友実

薩摩と長州、2つの藩が手を結んだ直後、この同盟に深くかかわった坂本龍馬は、薩摩藩士がしばしば使っていた伏見《ふしみ》（京都府）の寺田屋に宿泊していました。この時、幕府の役人から襲われます。奮闘の末、現場から脱出するも、龍馬は重傷を負いました。そんな彼を救出するために駆け付けたのが、吉井友実《よしいともざね》（幸輔《こうすけ》）です。負傷した龍馬を薩摩藩邸まで移送する時には護衛も行いました。彼は西郷や大久保の幼馴染で、長州藩との戦いなどで活躍した人物です。

事件後、龍馬は妻のお龍《りょう》を伴って、怪我を癒《いや》すために鹿児島に旅行します。この時に旅行のエスコートをしたのも吉井です。龍馬夫婦は吉井とともに蒸気船に乗って鹿児島に到着。城下で宿泊した後、彼らは霧島《きりしま》に向かいます。道中でお龍に出くわした地元の人々は「ビードロ（ガラス）で作った観音様《かんのんさま》をひっくり返したような美人」といったといいます。龍馬夫婦と吉井は、日当山《ひなたやま》や栄之尾《えのお》、硫黄谷《いおうだに》といった霧島各地の温泉に入りました。吉井の息子も霧島まで同行し、全く釣れない魚釣りにつきあわされたり、龍馬がピストルで撃った鳥を拾いに行かされたりしたそうです。さらに龍馬夫婦は高千穂峰《たかちほのみね》にも登山。2人はキリシマツツジの花を眺めながら登り、頂上にあるアマノサカホコを引き抜いたといいます。このほか、犬飼《いぬかい》の滝を眺めたり、奈良時代の貴族・和気清麻呂《わけのきよまろ》ゆかりの地を訪れたりしました。

龍馬は鹿児島城下に戻った後、薩摩藩の洋学校・開成所を視察。その後、蒸気船で鹿児島を離れました。この2カ月半以上におよぶ鹿児島での滞在が、のちに「日本初のハネムーン」と呼ばれたものです。龍馬は吉井に寺田屋事件での対応や旅行の御礼として、刀を一振贈りました。龍馬夫婦は吉井をはじめとする薩摩の人々と鹿児島の美しい景色に癒され、激動の時代を駆け抜けました。

# 10 イギリス人がやってきた!

留学生を派遣したり、技術を求めたりしたことで、急速に親密な関係となった薩摩とイギリス。双方は江戸の薩摩藩邸と横浜のイギリス公使館の間を行き来するようになります。すると、薩摩藩はイギリスの対日外交トップをつとめる公使パークスを鹿児島に招待。パークスは自らの妻や東アジア地域のイギリス海軍を束ねるキング提督《ていとく》などとともに、3隻の船で真夏の鹿児島に来訪しました。

島津久光と茂久《もちひさ》の父子は、仙巌園で彼らをもてなします。パークスは普段、藩主と世継ぎしか通ることのできない錫門《すずもん》を通って園内に入るという破格《はかく》の待遇。御殿の中で久光・茂久父子や小松帯刀らとともに会食に臨みました。彼らは薩摩とイギリスが協力関係を強めていくことを確認。その上で、薩摩藩は40種類以上の食事をはじめ、日本酒やシャンパン、シェリー酒、ビールなどで歓迎しました。管弦楽(おそらく薩摩琵琶《びわ》など)の披露の後、園内の登山道を散策したり、広場で薩摩藩の大砲の訓練を披露したりしました。イギリス人は、もてなした藩主の茂久を長身で勇ましい人物であり、久光は茂久と比べて背が低く恰幅《かっぷく》が良く、国内で最も優秀な政治家であると書き残しています。

別の日、パークス一行は工場群を視察したり、護衛つきで鹿児島の街中とその周辺を見学したりして過ごしました。薩英一緒になって鹿や猪の狩猟を楽しんでいます。これらの返礼として、

Why did you come to Cangoxina?
Ohan は何ごて鹿児島へ？
Harry Parkes
ハリー・パークス
George King
ジョージ・キング
島津父子に招かれて
遊びに来ました

彼らは薩摩藩の人々に、イギリスの大砲や軍事訓練などを披露しました。

パークス一行は、この鹿児島訪問に大満足。強く豊かな国づくりをすすめる薩摩藩が日本をリードしていくであろうと考え、対日外交やビジネスのためにも、そのようであり続けることを希望するようになりました。

鹿児島湾で繰り広げられた薩英戦争から3年。パークスとキング率いるイギリス艦隊の平和的な鹿児島訪問は、両者の関係を一層深めることとなり、明治維新後の日英友好の礎《いしずえ》になったのです。

# 11 パリ万博と岩下方平

世界各国の技術や文化、自然を展示する万国《ばんこく》博覧会《はくらんかい》は1850年代から開催されています。

西洋諸国と本格的な交流をはじめた幕末、我が国も花の都・パリで開かれた万国博覧会に出展しました。この万博では、世界で初めて一年に何回も花を咲かせるバラが出展されたり、「青き美しきドナウ」という音楽が披露されたりしました。

日本から出展したのは、江戸幕府と薩摩藩、佐賀《さが》藩。幕府から参加協力を求められた薩摩藩は出展を決意しますが、その後、なかなか幕府から連絡がなかったため、薩摩独自で出展します。これに対して幕府は反発しますが、両者の協議の結果、「薩摩琉球国」という名義で参加したのです。

薩摩藩の団長は岩下方平《いわしたほうへい》。薩英戦争の和平交渉の際、薩摩側の代表をつとめ、イギリス公使パークスとも親しくしていた家老でした。佐賀出身の大隈重信《おおくましげのぶ》の話によると、岩下は全く外見に気を使わない人物だったそうです。身なりを整えず、髪もボサボサだったそう。

この頃、フランスは幕府と親しくしていたため、薩摩はフランスを警戒していたようです。しかし、岩下は現地の情報などから、フランスが幕府の手助けのため軍隊を日本に派遣することはないだろうと本国に報告しています。

薩摩藩は琉球の産物や調度品、布、砂糖そしてガラス工芸品など128品目以上、約480

箱を出展。特に美しい絵付けが施された薩摩焼《さつまやき》は、会場で絶賛されました。これ以後、薩摩焼は世界各地に輸出されます。岩下は博覧会で見た最先端の機械や大砲を購入したいと思ったようですが、難しい仕組みや高額であったことなどから諦めたものが多かったようです。また、出展にあわせて薩摩藩は「薩摩琉球国」の勲章《くんしょう》を作成。フランス皇帝のナポレオン3世をはじめ、海外の高官に贈りました。これが日本初の勲章です。

　最先端の技術や文化を集約した博覧会に出展した薩摩。この結果、世界各国は「薩摩琉球国」を知ることになり、日本は幕府を中心とした一枚岩の政治というわけではない、と考えられるようになりました。遠く離れた異国の地で、薩摩は幕府との外交戦に勝利したのです。

# 12 怪しい外国人モンブラン

ヨーロッパに進出しはじめた薩摩の人々は、現地の人たちと交流しますが、中には変わった人物もいました。その代表が、フランス出身のモンブランです。彼はフランスとベルギーの貴族であり、日本の開国以降、何度か来日していました。フランスに帰国後も、幕府の人々がヨーロッパにやってきた時には彼らをもてなすなど、日本に対する思い入れは深かったようです。残念ながら幕府の人々からは、あまり信用されていませんでした。

薩摩藩英国留学生一行がイギリスに到着すると、モンブランもイギリスに渡り、接触をはかります。そして彼らに貿易会社の設立を提案。ベルギーにある自らの居城に、使節団の新納久脩や五代友厚を招いてもてなし、会社設立契約を交わすことに成功します。

具体的には、琉球の3つの港を開き、貿易を行うほか、藩内の鉱山をともに開発する、などでした。しかし残念ながら、この契約は後に反故《ほご》されます。

さらにパリ万国博覧会についても、薩摩が独自に出展するために自らが薩摩藩の代理人として交渉を行い、その準備も担当。そして幕府から薩摩が独自で出展することに対して反発が来ると、これに対応します。モンブランは、フランスの新聞を使って「日本の将軍は絶対的な君主として君臨《くんりん》しているわけではなく、ほかの大名たちと同じ立場だ」と主張し、薩摩が独自で

ワタシニホンジン
ダイスキでーす
ナカヨークしまショー
シャルル・ド・モンブラン男爵
通称：白山伯

出展することを正当化しました。また薩摩からフランスへの留学生も支援します。

万国博覧会終了後、モンブランは来日し、薩摩にやってきました。彼は軍事や外交のアドバイスなどを任されましたが、薩摩藩内ではイギリスと親しくしている人々が圧倒的に多く、またモンブランをうさんくさい人物であると考える人も少なくありませんでした。そのため、薩摩との距離はやがて広がってしまいます。

明治の世になってしばらくするとフランスに戻り、日仏友好の基礎を築く役割をつとめます。

# 13 前田正名たちの薩摩辞書

幕末、薩摩藩はイギリスに使節と留学生あわせて19人を派遣したほか、アメリカに6人を送り、西洋諸国の知識や技術などを学びます。一方で、藩による留学生派遣に選ばれなかった若者の中にも、海外で学ぶことを志す人たちがいました。

そのうちの一人が前田正名《まえだまさな》です。彼は薩摩藩の近代化事業を支えた学者・八木称平《やぎしょうへい》から教わったり、長崎で学んだりした勉強熱心な人物でした。彼は、西洋諸国への留学を夢見て、兄の献吉《けんきち》や高橋新吉《たかはししんきち》とともにある計画をたてます。

その頃、江戸幕府の学問所で刊行されていた英和辞典が飛ぶように売れていたことに注目。彼らも自ら刊行、販売した利益で海外に渡ろうと考えたのです。正名たちは、幕府の学問所の辞書をさらに使いやすいように工夫します。和風の書物の作りから洋風のものに改め、それを大量印刷するため、国内の木版印刷ではなく、上海において金属でできた活字を用いて印刷したのです。薩摩藩から作成のため資金援助してもらったこともあり完成。「和訳英辞書《わやくえいじしょ》」と命名されたこの辞書を販売しました。辞書のはじめに「薩摩学生」が刊行したことが記されていることもあり、「薩摩辞書」という愛称がつけられています。

努力の結果、正名は新政府の支援を受けてフランスに留学することが決定。モンブランと一緒にフランスに渡って農業について学びます。

留学したい、
留学したい、
留学したい、
西洋に行きたかっ！！
前田献吉
高橋新吉
前田正名

帰国後は明治政府で働いた後に官僚を辞めて全国各地の地域振興のために尽力しました。晩年には北海道の自然保護にも携わります。

一緒に辞書を作った兄の献吉は、アメリカで農業について学び、明治政府が作った駒場農場《こまばのうじょう》（東京）で活躍。高橋新吉も、アメリカ留学後、外国との交易窓口を担う役職を歴任します。彼らは夢を実現し、新しい時代にそれぞれが学んだことを活かして飛躍したのです。

薩摩辞書を最初に刊行した後、新しい言葉や海外の単位を盛り込むなどして少しずつよりよい辞書に変化させます。そして明治時代に出版される英和辞典の原型となり、日本の英語教育に大きな影響を与えました。西洋のことを知りたいと願う正名たちの夢のバトンが、現代にしっかりとつながれていたのです。

# ⑭ 鹿児島紡績所と石河確太郎

幕末、イギリスに渡った薩摩藩士は、留学のほかにいくつかのミッションを任されていました。その一つが、イギリスから最先端の紡績《ぼうせき》（糸紡ぎ）技術を導入することです。当時、産業革命を真っ先に成功させたイギリスは、紡績大国となっていました。船の帆や衣服の製造に必要な紡績技術の導入のため、留学生たちは機械を購入し、技術者を薩摩に招きます。

これらの計画を提案した人物が石河確太郎《いしかわかくたろう》（正龍《まさたつ》）です。大和国（奈良県）出身の彼は、斉彬の時代に薩摩に招かれ、鉄製大砲を造る反射炉の建造をはじめ、近代化の研究に携わっていました。斉彬から紡績の重要性を説かれていた確太郎は、主君の志を受け継いで、蒸気機関を用いた最先端の紡績工場を建設しようとしたのです。

留学生たちが購入した紡績機械がもたらされ、7人のイギリス人技術者も到着します。技術者のための2階建ての宿舎もすぐそばに建設。工場も宿舎も洋風の建物でしたが、薩摩の人々が建設しました。そして、日本初の洋式紡績工場「鹿児島紡績所」が誕生しました。この工場では武士の男女200人が働きます。1日10時間勤務で、休日もしっかり用意されていました。イギリス人たちは薩摩の人々に機械の扱い方を教えましたが、最先端の機械は夢のような道具で、機械を扱う人は神秘《しんぴ》的なものを守る神官のようにも思われたといいます。大久保利

石河確太郎
ちなみに明治時代にインドに渡り
紅茶の苗を持ち帰ったりします

通も鹿児島紡績所で動く機械を見て、何ともいえないほど巧みなものであると書き残しています。

　さらに薩摩藩は、最大の原料（綿花）が集まり、織物の消費地でもあった関西にも工場を建設。この日本で2番目の近代紡績工場・堺《さかい》紡績所（大阪府）の設立にあたり、責任者となった確太郎は家族を連れて堺に赴きます。確太郎をはじめ鹿児島や堺で紡績技術を身につけた人々は、後に全国各地に建設された紡績工場の中心人物になりました。また確太郎は、富岡製糸場《とみおかせいしじょう》（群馬《ぐんま》県）の運営にも携わることになります。

　戦前の日本の中心的な産業となった紡績事業。その原点を築いたのが、石河確太郎をはじめとする薩摩の人々だったのです。

# 15 四侯会議と徳川慶喜

長州藩が薩摩藩の支援を受けて幕府率いる軍勢と戦っている最中、14代将軍徳川家茂《いえもち》が若くして病死。徳川慶喜が将軍に就任します。彼は若い頃、島津斉彬たちから未来の将軍と期待されていた人物でした。実際、島津久光が幕府の政治改革を訴えた後、政治の中核を担っていたのが慶喜です。慶喜は小松帯刀をはじめ薩摩藩の人々と交流し、時には小松から薩摩名物の豚肉を贈ってもらったりしました。しかし慶喜は次第に、自らと親しい人物ばかりで政治を運営するようになり、薩摩藩と距離が生まれたのです。

慶喜が将軍に就任した後、薩摩藩は土佐藩（高知県）や福井《ふくい》藩、宇和島《うわじま》藩（愛媛《えひめ》県）の前藩主に呼びかけ、島津久光とともに慶喜の政治を補佐する会議を設立することを提案します。慶喜と親しい人物だけで政治をすすめるのではなく、多くの声を集める政治体制に変化させようとしました。慶喜を含めた5人は、摂政《せっしょう》・二条斉敬《にじょうなりゆき》などとともに長州藩や外国とのかかわりについて協議します。

この四侯《しこう》会議で、徳川慶喜と島津久光は終始対立することになります。例えば長州藩を許すべきと主張する久光に対し、慶喜はこれに反対。一方、慶喜が交渉をすすめていたフランスをはじめとする西洋諸国が求めている兵庫《ひょうご》開港について、久光たちはその手続きを非難。議論が長引く中、慶喜の提案で記念写真を撮った後、空

中分解してしまいます。久光たち4人は幕府の近年の政治を批判。数日後、慶喜は松平春嶽《まつだいらしゅんがく》（前福井藩主）、伊達宗城《だてむねなり》（前宇和島藩主）と公家たちとの間で夜を明かして協議した上、前年亡くなった孝明天皇が長く反対していた兵庫開港の許可を勝ち取りました。

薩摩藩は、会議を無視して物事をすすめていく慶喜の態度を見て激しく失望します。以降、幕府を改革して日本の政治を良くしていくのではなく、速やかに幕府を終わらせ、新しい日本の政治体制を築くことを目指すようになったのです。

# 16 薩土盟約の締結と解消

幕府の政治に失望した薩摩藩は、どのようにして幕府を終わらせるべきか考えます。その頃、藩内では武力をもって幕府を倒そうとする意見と、平和的に幕引きさせようという意見に分かれていました。

このような薩摩の状況を土佐藩（高知県）に伝えていたのが中井弘《なかいひろし》です。彼は薩摩藩を抜けだして土佐に移り、そこからイギリス留学した後、さらに宇和島藩（愛媛県）に仕えました。薩摩藩が武力で幕府を倒そうとしていることを中井が土佐藩の後藤象二郎《ごとうしょうじろう》に教えると、平和的な解決を望む土佐藩は薩摩藩との盟約《めいやく》を望みます。そして薩摩藩と親しい土佐出身の坂本龍馬や中岡慎太郎の同席のもと、薩摩藩の小松帯刀や西郷吉之助（隆盛）、大久保一蔵（利通）と土佐藩の後藤たちの間で盟約が結ばれました。

薩摩と土佐との盟約には、朝廷を中心に政治を行い、身分を限らず全国各地から選挙によって選ばれた人々が集まって議論することや、徳川慶喜が将軍職を辞めること、外交問題を担当する外務大臣を新たに設置することなどがまとめられていました。また、これを実現するために薩摩と土佐が軍勢を率いて幕府に圧力を加えることとなります。圧力を加えながら、両藩が協力して新しい政治体制を築くという計画でした。

しかし、土佐藩内では軍勢を京都に送ることをためらう意見が噴出。さらにイギリスとの外

交問題が発生したため、その対応に追われてしまいます。また、後藤が薩摩藩の五代友厚の真似をして長崎交易を行ったところ、大損をしてしまったことが土佐藩内で問題になります。これは中井を通じて宇和島藩にまで知られるようになりました。一方の薩摩藩の中には、長州藩とともに武力で幕府を倒そうという計画をすすめる人々もいました。

双方の足並みが揃わなかった結果、薩土盟約は解消せざるをえなくなります。中井弘は明治政府でも活躍。奇抜な人物で型破りな逸話を数多く残したほか、外交の舞台となった「鹿鳴館《ろくめいかん》」の名付け親にもなります。

# 17 アーネスト・サトウの薩摩人物評

幕末の激動の中で、幕府、朝廷、長州、土佐などの有名な人々とさかんに交流したのがアーネスト・サトウです。イギリス出身の彼は、薩摩とも非常に深くかかわります。来日直後に生麦《なまむぎ》事件が起こり、薩英戦争ではイギリス軍艦《ぐんかん》に乗船。和解の後は鹿児島を訪れたり、薩摩の関係者と会談したりします。

彼が本名を隠して新聞に投稿したものには、「イギリスは幕府と条約を結んだが、各藩は自由に貿易をしたがっている。幕府との条約を破って各藩と条約を新たに結ぶべき」というものがありました。これが日本国内で『英国策論《えいこくさくろん》』として刊行されましたが、この論はイギリスを代表する考えと思われ、西郷隆盛にも影響を与えたといいます。

そのようなサトウは、長い日本滞在の中で薩摩の人々と出会い、人物評価を書き記しています。例えば小松帯刀については「日本人の中で、一番魅力のある人物で、家老の家柄だが、そういう階級の人間に似あわず、政治的な才能があり、態度が優れ、それに友情が厚く、そんな点で傑出していた」と紹介しています。薩英戦争の時に出会った五代友厚については「気品のある容貌《ようぼう》のすこぶる立派な男子」と記し、薩摩藩英国留学生の一人・新納久脩については「非常に勇気があり、性格が素直であるという印象も受けた」と述べています。留学生が通ったユニバーシティ・カレッジ・ロンドンはサトウの出

身大学であることから、大学の先輩として彼らを思っていたのかもしれません。

薩土盟約にかかわった中井弘のことを「実に快活、陽気な男で、いつも愉快な冗談が口をついて出た」、吉井友実を「小柄だが、非常に快活で、薩摩なまりを丸出しにしてしゃべった」と記す一方、大久保一蔵（利通）については「すこぶる無口」と紹介しました。

西郷吉之助（隆盛）とは薩長同盟前から交流があり、西南《せいなん》戦争勃発時にも会っています。サトウは「黒ダイヤのように光る大きな目玉で、話をするときのほほ笑みには、何ともいえない親しみがあった」と回想しています。一方で「薩摩がイギリスに支援を頼むなら、引き受ける」とサトウが伝えると、西郷は「日本の政治の改革には、自ら努力する覚悟である」と回答。イギリスと親しくしながらも、日本が自力で新しい時代を切り拓く覚悟を述べています。

# 18 大政奉還と小松清廉

早稲田大学を築いた大隈重信《おおくましげのぶ》は、薩摩藩の家老・小松帯刀のことを雄弁な人物であった、と回想しています。島津久光に抜てきされ、幕末薩摩の政治や外交の面でその中心的役割を果たした小松の業績のひとつが、大政奉還《たいせいほうかん》です。

幕府の終わらせ方を模索していた薩摩藩は、土佐藩と軍事的圧力を加えながら大政（政治や外交の権限）を幕府が手放すことができないか協議。しかし土佐が軍勢を京都になかなか送りこまないので、別の手段を考えます。そこで、長州藩（山口県）や安芸《あき》藩（広島《ひろしま》県）と手を組み、幕府に軍事的圧力を加えることができないか検討。その上、公家の岩倉具視《いわくらともみ》などの協力をえて、将軍・徳川慶喜を追討《ついとう》する天皇からの命令書の作成の準備をすすめます。同時進行で、土佐から幕府に、天皇を中心とした朝廷に大政を返すよう働きかけさせたのです。

硬軟《こうなん》織り交ぜた薩摩の行動を受け、慶喜は大政を返すことについて京都にいた約40藩の重臣《じゅうしん》を集めて意見を求めます。小松は慶喜に対してすぐに実行に移すべきと進言。さらに大政を戻される側である朝廷に対して、受け入れるよう強く働きかけ、受け入れ回答書も小松が用意しました。小松たちの尽力の結果、薩摩などの軍事的圧力を受け、慶喜は政治と外交の権限を朝廷に返し、朝廷も受け入れます。このようにして260年におよぶ江戸幕府の支配は幕を閉じました。

江戸幕府終了のお知らせ
二百六十年以上政治と外交を担ってきました、
慶応三年（一八六七）をもって終了させていただきます。
これまでの皆様からのご支援、心より感謝申し上げます。
小松帯刀

朝廷が幕府を討つように命じた書状の案が出されたのは、慶喜が大政奉還を朝廷に願いでたちょうどその日。もし大政奉還が少しでも遅かったら、大きな混乱が起こったことでしょう。

その頃、世間では「小松政」、つまり小松帯刀を中心とした政治である、といわれていたそうです。彼の雄弁が次代の扉を開けたことを示しているのでしょう。薩摩は大政奉還を受け、鹿児島から治安維持などのため京都に軍勢を派遣。さらに新しい時代に向けて政治体制の基礎づくりに取り組みます。

## 公家に仕えた薩摩の侍

幕末の最終局面で政治の舞台となったのは京都です。京の都には古より天皇に仕える公家（貴族）がたくさんいました。彼らは朝廷で天皇の政治を支える存在であり、大名や武士とは異なる発言力を持っていたのです。

　そんな公家に仕える薩摩出身者もたくさんいました。例えばお遊羅騒動の際に一時薩摩を抜けだした村山松根《むらやままつね》は、徳川慶喜と親しくしていた中川宮朝彦親王《なかがわのみやあさひこしんのう》に仕えます。藤井良節《ふじいりょうせつ》と井上長秋《いのうえながあき》という鹿児島城下の神職の家に生まれた兄弟は、公家の中の最高の家柄・摂関家の筆頭である近衛家に仕えました。彼らは公家同士や公家と薩摩との間の連絡役を担うこともあり、自然と公家が薩摩の味方になりやすい環境が整えられていったのです。

　井上が親しくした一人が岩倉具視《いわくらともみ》です。彼は朝廷内での勢力争いのため謹慎した時代が長かったのですが、井上たちの支えもあって政治に関する意見書を提出。大政奉還の後に政府に復帰した岩倉は薩摩出身者とともに新政府の中核を担いました。

# 第5章　新時代の産声

# 1 王政復古と大久保利通

大隈重信《おおくましげのぶ》や前島密《まえじまひそか》など明治時代に活躍した政治家が、「さまざまな意見を聞き容《い》れるが、一度決めたら必ず実行する人物」と称したのが大久保利通《おおくぼとしみち》です。大政奉還《たいせいほうかん》の後にも残っていた徳川慶喜《よしのぶ》の権力を封じ、新しい政府の基礎を築いたのが彼の大きな仕事のひとつです。

慶喜が政治と外交の権限を朝廷に返した後、明治《めいじ》天皇を中心とした新しい国づくりがはじまりました。その第一歩が「王政復古《おうせいふっこ》」です。薩摩藩を中心とする軍兵によって、天皇が政務を行う場所である京都御所《ごしょ》が警備され、幕府《ばくふ》と親しかった公家や藩士の立ち入りが厳しく制限されます。その上で、幕府が廃止されたほか、平安《へいあん》時代以降、天皇のもとで政治を担ってきた摂政《せっしょう》と関白《かんぱく》の役職も廃止。新たに天皇のもとで政治を担う総裁《そうさい》、議定《ぎじょう》、参与《さんよ》という役職が設置されました。このうち、薩摩藩では藩主の島津茂久《もちひさ》（忠義《ただよし》）が議定に就任し、参与には西郷隆盛と岩下方平《いわしたほうへい》、そして大久保が就きます。

王政復古を受けて、早速総裁をはじめとする面々は小御所《こごしょ》と呼ばれる場所で会議を開きました。この時、大久保たちは会議に出席していない慶喜への対応をめぐって協議します。慶喜は征夷大将軍《せいいたいしょうぐん》を辞めていましたが、内大臣《ないだいじん》という高い位に位置しており、さらに徳川家が持つ広大な領地を治めていました。大久保は公家の岩倉具視《いわくらともみ》とともに昨今の政治混乱の責任は慶喜にあると指摘。慶喜をかばう土佐《とさ》藩（高知《こうち》県）

官位
領地
慶喜から官位と領地を
取っちゃった
大久保利通

の面々と激しく対立しました。結局、大久保たちの意見が通り、慶喜は内大臣を辞め、徳川家の土地を手放す方針に決まります。

さらに大久保は、ヨーロッパやアメリカと江戸《えど》幕府との間で結ばれた条約を継続することを諸外国に伝え、新しい政府が誕生したことをアピールします。このような実績もあり、新政府の中核の人物として大久保は飛躍していったのです。

# 2 伊牟田尚平と薩摩藩邸焼き討ち事件

京都を中心に、政局が揺れ動く中、江戸でも問題が発生していました。その中心にいた人物が薩摩藩士・伊牟田尚平《いむたしょうへい》です。喜入《きいれ》（鹿児島市）出身の伊牟田は、長崎で医学や蘭学《らんがく》を学んだ後、江戸で儒学《じゅがく》も学んだ人物でした。幕末の頃の記録によると、彼は背が高く、太った人物で、日焼けした肌、丸顔、頬が高く、眉毛が濃く、鼻は太かったとあります。

大政奉還の直前、薩摩は幕府との直接対決も考えていました。その時、江戸から京都に幕府の軍勢が押し寄せてくることを懸念。対策として、伊牟田や益満休之進《ますみつきゅうのしん》といった面々が江戸で騒ぎを起こし、幕府軍を江戸から離れられないようにしようと考えていたのです。この計画のため、伊牟田たちは京都から江戸に向かいましたが、その直後に大政奉還がなされ、実行しなくてもよくなりました。

しかし、伊牟田たちは江戸で騒ぎを起こすための人間をすでに500人も用意。京都にいる面々が再三騒動を止めようとしましたが、大人数であることに加え、遠く離れていたこともあって制御できませんでした。また関東各地で幕府に対して反発する騒動を起こした人々が江戸の薩摩藩邸《はんてい》に逃げ込み、混乱に拍車がかかります。彼らは江戸で火事や強盗など騒ぎを起こします。伊牟田は天璋院《てんしょういん》（篤姫《あつひめ》）に仕える女性の協力をえて、江戸城二之丸《にのまる》に火をつけました。これに対し、江戸の治安を守っていた庄内《しょうない》

藩（山形県《やまがたけん》）を中心とする面々が、犯人引き渡しを要求しますが、薩摩藩は拒否。庄内藩などの軍兵千人近くによって江戸の薩摩藩邸は襲撃され、火をつけられたのです。

伊牟田たちによる一連の騒動の結果、会津藩《あいづはん》（福島県《ふくしまけん》）や庄内藩など江戸幕府の存続を強く主張する勢力は、武装して京都に向かいます。ついに旧幕府軍と薩摩・長州《ちょうしゅう》を中心とした新政府軍とが激突することになりました。

# 3 伊地知正治と鳥羽・伏見の戦い

会津藩をはじめとする旧幕府の政治を強く願う軍勢1万5千人は、京都の薩摩藩などを討つため進撃。迎え撃つ薩摩藩などの軍勢はその3分の1程度でした。新政府軍と旧幕府軍は京都南方の鳥羽街道《とばかいどう》と伏見《ふしみ》で対峙《たいじ》します。鳥羽街道で薩摩藩兵を指揮した人物の一人が伊地知正治《いじちまさはる》です。

伊地知は身長がかなり低く、また病のため片目、片足が不自由であったと伝わっています。薬丸自顕流《やくまるじげんりゅう》の剣術と、合伝流《ごうでんりゅう》という軍学を学び、藩の軍奉行《いくさぶぎょう》に就任。薩英《さつえい》戦争や禁門《きんもん》の変《へん》に従軍しました。

鳥羽街道を封鎖する薩摩藩と、街道を北上して京に入ろうとする旧幕府軍の間で押し問答がなされた末、旧幕府軍が京に向かって強引に通過しようとします。これに対して、西郷と伊地知の率いる薩摩藩が発砲。脅《おど》せば通れると甘く考えていた旧幕府軍は、鉄砲を撃つ用意もしていなかったため動揺。態勢を整えた旧幕府軍も反撃を加えますが、最新式の銃や大砲などを主力とした伊地知の戦略によって薩摩藩は勝利をおさめます。また伏見の方でも新撰組《しんせんぐみ》をはじめとする旧幕府軍を新政府軍が撃ち破りました。

旧幕府軍は後退しながらも反撃の機会を探りますが、大久保利通などの尽力の結果、新政府軍勢に、天皇の味方であることを示す「錦《にしき》の御旗《みはた》」が掲げられます。すると、幕府に味方しようとしていた諸藩が次々と薩摩側につきました。徳

薩摩
京都経由
江戸東北、行き
宮さん宮さんお馬の前に
ヒラヒラするのは何じゃいな♪

川慶喜は大坂城から船で江戸に撤退。これに対して、新政府軍は東海道《とうかいどう》と中山道《なかせんどう》に軍勢を分けて京都から江戸に向かいました。伊地知は参謀《さんぼう》として中山道を進軍します。伊地知はさらに東北における白河口《しらかわぐち》（福島《ふくしま》県）の戦いで、3倍を超える旧幕府軍に圧勝し、徹底抗戦を主張する会津藩（福島県）を母成峠《もなりとうげ》で撃破するなど、類いまれなる軍功を残します。

# 4 西郷隆盛と江戸城無血開城

鳥羽・伏見の戦いで勝利をおさめた薩摩を中心とする新政府軍。一方、徳川慶喜は江戸に戻り、抵抗する意志がないことを示します。新政府の大軍は江戸に向かいますが、その指揮官の一人が西郷隆盛です。

西郷は当初、大坂から逃げた慶喜の命を奪う覚悟でした。しかし、徳川将軍家に嫁いでいた島津斉彬《なりあきら》の養女・天璋院《てんしょういん》（篤姫《あつひめ》）が命を懸けて徳川家を守りたい、という書状を薩摩藩兵に送ります。イギリス公使パークスもこれからの国際交流のために、江戸で大規模な戦闘は避けるべきと述べました。さらに西郷が駿府《すんぷ》（静岡《しずおか》県）にいる際、幕府の家臣・山岡鉄舟《やまおかてっしゅう》が江戸の薩摩藩邸焼討《やきうち》事件の際に捕まえた薩摩藩士を伴って西郷のところまで来訪。山岡は、西郷や斉彬と交流があった勝海舟《かつかいしゅう》の書状を渡し、慶喜の命を助けてほしいと強く願います。これらを受けて西郷は、新政府軍内で会議を開き、江戸城や幕府の軍艦を引き渡すことなどを条件に、徳川家の存続を認める案を山岡に出しました。

西郷たちが率いる新政府軍は、江戸を包囲しながら幕府がどのように対応するか待ちます。勝海舟が西郷のもとを訪問。勝との二度の会見を経て、西郷は総攻撃前日に江戸を攻撃しないことを決定しました。この時、西郷はとても寛大な対応だったといいます。西郷はすぐに自ら京都まで赴き、新政府内で内容を協議した上で慶喜の助命決定と江戸城明け渡しについて許可

を獲得。再び江戸に向かった西郷は勝と最終交渉を行います。旧幕府方の合意を受け、西郷たちは幕府の中核・江戸城に入り、城は新政府に引き渡されました。西郷によって徳川家の存続が決定したのです。

残念ながら一部の幕府を支持する兵たちが、上野《うえの》（東京都）にこもって新政府軍に反旗を翻しましたが、西郷が陣頭指揮を執り撃破。こうして江戸から西を新政府が掌握することになります。

# 5 黒田清隆と東北、蝦夷地の戦い

江戸を新政府が治めるようになった後も、関東より北の地には新政府と対立する勢力がいました。幕府を支え続けた元京都守護職《きょうとしゅごしょく》・松平容保《まつだいらかたもり》が治める会津藩（福島県）を攻撃しようとする新政府軍に対し、東北や北陸の諸藩は会津を守るため奥羽越列藩《おううえつれっぱん》同盟を組んで対抗。彼らとの戦いのため、薩摩藩は多くの軍勢を送ります。新政府軍は薩摩、長州（山口《やまぐち》県）、土佐（高知県）、肥前《ひぜん》（佐賀《さが》県）を中心に作られましたが、ほかの3つの藩の軍兵を足しても、薩摩藩の軍兵の数には足りなかったといいます。

奥羽越列藩同盟と新政府との間では、各地で激しい戦いが繰り広げられました。イタリアやプロイセン（ドイツ）から武器を輸入していた新潟《にいがた》では、最新式の武器が新政府軍を苦しめ、かつて京都の治安を守っていた会津藩では、女性や子どもも駆りだされた悲劇的な戦闘が行われます。

江戸の薩摩藩邸を襲った庄内《しょうない》藩（福島県）は、東北地方のほかの藩が降伏した後も抵抗。自らの領地を敵に攻め込まれることなく降伏。この時、西郷隆盛とともに庄内藩の対応を行ったのが黒田清隆《くろだきよたか》でした。彼は薩長同盟にもかかわった人物です。西郷と黒田は庄内藩に対して寛大な処分を行いました。

東北諸藩が降伏した後も、蝦夷地《えぞち》（北海道《ほっかいどう》）には旧幕府の勢力がいました。その対応にも黒田はあたります。敵がこもる五稜郭《ごりょうかく》という城を

攻めるため、好都合な箱館山《はこだてやま》を深夜攻め取り、山上から城に砲撃を加えます。戦意を失った旧幕府軍に対し、黒田は降伏をすすめました。その結果、蝦夷地での戦争は終わったのです。戦後、黒田は五稜郭にこもっていた優秀な旧幕府の家臣の助命嘆願《じょめいたんがん》につとめました。後に北海道と名を改めた北の大地を運営する開拓使《かいたくし》の３代長官に就任。黒田のみならず、調所広丈《ちょうしょひろたけ》（調所《ずしょ》広郷《ひろさと》の子）や留学経験のある村橋久成《むらはしひさなり》なども明治北海道の発展に深く関与します。

　鳥羽・伏見の戦いからはじまった戊辰戦争は、17カ月におよびました。その間、８千人を超える人が戦死。このうち薩摩藩士は５００人以上でした。新時代は多くの人々が倒れた上に誕生したのです。

# 6 薩摩バンドの誕生

戦争の最中、西洋式の軍備を整えていた薩摩藩はさらなる軍の近代化を求めます。それは音楽です。西洋では軍楽隊《ぐんがくたい》が演奏で情報伝達を行っていたほか、式典の際の演奏で音楽が必要でした。明治2年（1869）秋、横浜《よこはま》（神奈川《かながわ》県）の寺院・妙香寺《みょうこうじ》にとどまっていた薩摩藩の軍勢のうち、10代から20代の若い藩士三十数人で薩摩藩軍楽隊（薩摩バンド）を結成。イギリスに吹奏楽の楽器を発注しましたが、指導者も必要になりました。この時に担当したのがイギリス陸軍のフェントンです。彼は13歳の時に鼓手兵《こしゅへい》（戦場で太鼓を打つ兵隊）としてイギリス陸軍に入り、インドや現在の南アフリカ共和国に駐在。江戸城無血開城の直前に妻や娘とともに横浜にやってきました。

フェントンは楽譜《がくふ》の読み方や演奏方法、太鼓の打ち方まで指導。はじめは日本の楽器で西洋音楽の訓練をしていましたが、後にイギリスから吹奏楽の楽器一式が届きました。薩摩バンドの演奏した楽器をみると、トランペットやクラリネット、フルート、ホルン、ベースなど現代の吹奏楽で扱うもの一式が揃っていたようです。彼の教え子たちが日本における吹奏楽の原点となりました。

翌年、国家における重要な式典で歌われる歌が作られます。作曲はフェントンが担当。作詞は薩摩藩で広まっていた薩摩琵琶《びわ》の歌「蓬莱山《ほうらいさん》」の一節を用いたといいます。そして

明治天皇の前で薩摩藩軍楽隊によって演奏されたのが、彼らによって誕生した「君が代」です。薩摩藩軍楽隊は日本の陸軍・海軍誕生後、それぞれの軍楽隊に振り分けられて中核を担うことになりましたが、フェントンは引き続き海軍の軍楽隊を指導します。また初代海軍軍楽隊長・中村祐庸《なかむらすけつね》と初代陸軍軍楽隊長・四元義豊《よつもとよしとよ》はどちらも薩摩藩出身者でした。

フェントンは日本の伝統的な音楽（雅楽）の演奏者にも西洋音楽を指導し、明治10年（1877）、日本を離れます。

後に中村は、フェントンが作曲した「君が代」の曲調は日本に合わないため変えるべきと明治政府に提案。詞はそのままで、四元たちとともに新たな曲を協議し、明治13年（1880）に現在の曲になりました。

# 7 守屋舎人とみんなの明治維新

幕末、薩摩藩士たちが時代の転換点の現場に立ち会いますが、それ以上に事件に対峙しなかった人々が多くいました。しかし、彼らは時代の激流の中で藩を支えていたのです。

その一人が一反木綿《いったんもめん》の妖怪《ようかい》伝説がある高山郷《こうやま》（肝付町《きもつき》）に住んでいた守谷舎人《もりやとねり》（重堯《しげたか》）です。彼は28歳の頃から途中を欠きながら46年間、日記を書き残しています。彼は高山郷の役職をしている時には、地域の仕事や鹿児島城下への訪問などをしており、そうでない時には、四十九所《しじゅうくしょ》神社（肝付町）の神事に携わったり、地域の行事や農作業に励んだりしていました。彼の日記の中に、時代の移り変わりを感じることができます。

例えば、外国の船が襲来したという連絡を受け、地頭仮屋《じとうかりや》（地域の行政機関）に皆で集まってみたけれど、実際は外国の船ではなく、薩摩藩が購入した蒸気船だったこと。薩英戦争の後、もう二度と外国の船が来ないよう、何日にもわたりお祈りをしたこと。彼は現場にはいませんでしたが、薩摩藩の事件に地域の中で対応していたのです。一方で、日常の中では、農業振興や年貢の取り立て、地域の取りまとめなどに励みつつ、藩内の諸郷で集まっての鉄砲の訓練にも立ち会っています。時には塩浸《しおびたし》温泉（霧島市《きりしま》）まで湯治に赴くこともありました。

直接、激動の舞台にかかわることもありました。文久《ぶんきゅう》2年（１８６２）、江戸に2カ月滞在

し、翌年、島津斉彬の娘たちが薩摩に帰国する時に同行。また幕府と薩摩藩が緊張関係にある中、守屋舎人の甥は戊辰《ぼしん》戦争に参加。東北地方で戦死します。これらの戦争のための費用を工面するため、藩は守屋たち藩内の武士に負担を命じます。

西郷隆盛や大久保利通、島津家の面々の活躍が知られる時代。同時に彼らが活躍できるよう支えた守屋たち地域の人々の活動を忘れてはいけない。彼はそのようなことに改めて気づかせる日記を、淡々と記していたのです。

# 8 藩政改革と桂久武

戊辰戦争を終えた薩摩藩に待ち受けていたのは、財政難でした。もともと、あまり多くの蓄えがない状況の中、薩英戦争や禁門の変などで戦い、京都の警備や戦争が起こることを考えて、京都に多く軍勢を留めていました。最新式の武器弾薬や軍艦を海外から購入するのにもお金がかかります。

薩摩藩ではこのような問題から、藩の上層部の報酬《ほうしゅう》を減らそうとしたり、藩内に点在していた山林地や牧場を整理したりすることで、これらの財源にあてようとします。これらの対応をしていた人物の一人が桂久武《かつらひさたけ》です。彼は島津の分家に生まれ、家老として藩の財政を切り盛りしたほか、薩長同盟にも携わりました。

戊辰戦争で東北や蝦夷地（北海道）まで多くの藩士が赴くことになると、莫大《ばくだい》な資金が必要となります。戦争の従軍者は帰国すると、命がけで新しい時代を築くために戦ったことを主張し、藩の政治改革を強く求めました。彼らは藩の上層部に強く働きかけを行っており、それは島津家でも制御しきれないものになります。

藩は彼らの主張を受け入れ、藩の政治改革を実施。貧富の格差の改善や、能力や功績に応じた人材登用、そして従軍者に恩賞を与えようとします。それらの改革の中で、藩有の牧場や山林は閉鎖されはじめ、藩内の寺院はすべて壊されてしまいました。このことについてはさまざまな意見がありますが、改革の一環で、藩が財政

難に陥っていたことが背景にあると考えられます。また、政府によって戦死者たちを神社で弔う方針が定められていた一方、全国各地で混在していた寺院と神社を整理する法令が出されていたことも理由として挙げられます。これらの改革に桂たちは身を投じることになりました。
のちに桂は薩摩藩内の開拓や鉱山経営を行います。新時代を築くためにともに挑んだ藩士たちの暮らしをよりよくするためのことだったのではないかと考えられます。

# 9 寺島宗則と維新外交

国内で激しい戦争が続く中、日本は国際社会とのやり取りも行わねばなりませんでした。徳川慶喜が大坂城を退くと、新政府は西洋諸国に政権が変わったことを記した国書《こくしょ》（正式文書）を各国公使に渡そうとします。しかしその直前に、神戸《こうべ》（兵庫県《ひょうごけん》）でフランス人殺傷事件が起こってしまい、西洋諸国は日本の船を奪うという強硬な態度を示したのです。

そのような情勢の中で、彼らに対応した人物の一人が寺島宗則《てらしまむねのり》です。元は「松木弘安《まつきこうあん》」といい、島津斉彬の近代化事業で学者として活躍。斉彬の死後、二度ヨーロッパを訪れていたことから外交分野にも長けていました。彼は外交問題に対応するために新たに設置された外国事務掛《がいこくじむがかり》に就任。寺島たちは、公使たちに国書を渡し、神戸の事件のきっかけを作った人物を処罰することで、薩英戦争のような争いにならないようにしました。これにより、幕府ではなく、新政府が日本の外交を担うことを国外に示したのです。

新政府の中心が江戸（東京）に移ると、外交の舞台は横浜（神奈川県）に移ります。寺島も同地に移った上、神奈川府（県）知事となり、外交官として活躍。西洋諸国との交流が増えると、より速い通信手段が求められるようになりました。そこで寺島は、かつて斉彬が実験していた電気通信技術「電信」を、東京と横浜の間に開通させます。これを皮切りに、日本全域に

電信網が整備されただけでなく、長崎経由で世界各国と情報のやり取りが迅速にできるようになりました。このことから、寺島は日本の電気通信の父と呼ばれています。

このほか、寺島はスペインやハワイ王国との条約締結《じょうやくていけつ》に尽力したり、初代在イギリス日本公使に就任したりします。さらに外交部門を束ねる外務卿《がいむきょう》に就任し、西洋との外交や貿易の問題に尽力しました。寺島は幕末の経験と知識を活かして、明治初期の外交の分野を牽引《けんいん》したのです。

# 10 五代友厚と近代経済

薩摩藩英国留学生としてヨーロッパに渡った五代友厚《ごだいともあつ》は現地を視察。日本が西洋諸国と肩を並べるためには、豊かな国づくりをすすめるべきだと痛感しました。幕末は長崎を舞台に薩摩藩の経済・貿易の事業に携わっていましたが、明治維新後に大坂（大阪）を活躍の舞台にします。

五代は戊辰戦争の時に新政府軍の軍事費用の調達を担当し、大坂や京都の商人たちと親交を結びます。また海外経験を活かして外国からやってきた商人たちとの交渉も担当していました。経済の向上のためには信頼される貨幣づくりが必要となり、五代は香港《ホンコン》からイギリス製の貨幣鋳造《かへいちゅうぞう》機械を購入し、大坂に造幣局《ぞうへいきょく》が建てられることになります。

五代は造幣局設立直前に明治政府の官僚を辞め、大坂を舞台に商人として活躍することにしました。大坂は江戸時代まで「天下の台所」と呼ばれる商工業の中心でしたが、明治維新直後に没落しており、その復興を目指したのです。五代は羽島《はしま》金山（いちき串木野《くしきの》市）や鹿篭《かご》金山（枕崎《まくらざき》市）をはじめ、全国各地の鉱山《こうざん》を経営し、そこで採れた銀などを貨幣の原料として造幣局に納めたり、大量印刷が可能な金属活字を使って辞書・書籍の刊行や、新聞の発行を行ったりします。さらには染め物で使う藍《あい》や、北海道の産物（昆布、ナマコなど）を海外に輸出。商人たちが団結して地域の発展を目指すための大阪

商法《しょうほう》会議所（現在の大阪商工会議所）の初代会頭《かいとう》（代表）に就任したほか、商業教育のための大阪商業講習所《しょうぎょうこうしゅうじょ》（現在の大阪公立大学）や大阪株式取引所（現在の大阪取引所）も設立しました。

　五代の事業の結果、大阪の経済は立て直されました。大阪には五代が設立に携わった日本有数の鉄鋼業や海運業の会社が数多く残っています。集成館事業が行われた薩摩藩で生まれた五代たちが「豊かな国づくり」の枠を薩摩から日本へと広げた結果、現代の産業大国・日本が生まれたのです。

# 11 新時代に訪れた外国人たち

時代が変わる中でも、薩摩には多くの外国人が訪れました。さまざまな知識や技術をもって生まれ変わろうとする我が国に貢献したのです。

フランス出身のジャン・フランソワ・コワニエは、学校で鉱山（金属などを掘る技術）について学んだ後、世界各地の鉱山を視察し、慶応《けいおう》3年（1867）秋に薩摩を訪れました。薩摩藩には火山活動によって豊富な資源が埋まっています。その頃は山ケ野《やまがの》（霧島市）の金山や谷山（鹿児島市）の錫《すず》山、硫黄島《いおうじま》（三島村《みしま》）の硫黄山が有名でした。薩摩藩に招かれたコワニエは、山ケ野金山や谷山錫山などを視察。鉱山の採掘方法の近代化を提案します。金山については水銀を使って不純物を取り除く方法を導入しました。新政府が樹立すると、明治政府に雇われて生野《いくの》銀山（兵庫県）の近代化に尽力することになりましたが、金山採掘のための機械導入など薩摩の鉱山事業にも助言し続けます。コワニエがまとめた調査報告には、鹿児島の鉱山資源は西洋式の作業を行えば、簡単に大量の資源を手に入れることができると書き残されています。

医学の分野で活躍したのが、イギリス人医師のウィリアム・ウィリスです。彼は生麦事件が起きた文久2年（1862）に日本を訪れ、イギリスと薩摩が急速に接近すると、薩摩の人々と親しくなりました。戊辰戦争がはじまると、

ウィリスは薩摩藩士・大山巌《おおやまいわお》からの要請で京都に赴き、負傷した薩摩藩の兵士たちを治療します。戦いが関東から東北地方にまで移ると、ウィリスも現地まで従軍しました。戦後、はじめは新政府からの依頼で東京医学校兼病院《いがっこうけんびょういん》の設立に携わりましたが、ドイツ医学が主流になると退職。西郷隆盛の依頼を受けて鹿児島に移り、鹿児島医学校・鹿児島医学校病院を設立しました。彼の教え子には、後に日本海軍軍医総監《ぐんいそうかん》となる高木兼寛《たかぎかねひろ》をはじめ、日本の近代医学の発展に貢献した人物が名を連ねています。またウィリスは、斉彬や久光に仕えた江夏十郎《こうかじゅうろう》の娘・八重《やえ》と結婚し、2人の間には男子が誕生するなど、国際結婚の先駆けの一人にもなりました。

# 12 島津忠義と鹿児島県

日本全国で強く豊かな国づくりをすすめるためには、新政府に権力を集中させる必要がありました。その変化の時に鹿児島の地を治めていたのが、島津忠義（茂久）です。彼は、斉彬の後を継いで藩主となり、実父である久光たちに支えられながら政治をすすめていました。

まず新政府がすすめたのが、もともと幕府が直接治めていた地域を「府」や「県」などとして政府が治めます。そして大名が治めていた土地を「藩」と定めました。実はそれ以前、「藩」という表現は正式ではない呼び方でしたが、明治時代になって正式名称となります。明治2年（1869）、政府の面々の提案を受け入れて、島津忠義と長州・土佐・肥前の大名が、天皇に土地と人民を返上することにします。この行為にほかの大名も続きました。そして、江戸時代まで将軍が支配を認めていましたが、今度は天皇が改めて大名たちに土地と人民の支配を認めることになったのです。これを「版籍奉還《はんせきほうかん》」といいます。忠義が治めていた地は「鹿児島藩」と名付けられました。

さらに全国均一の政策を実施するため、明治4年（1871）、政府は藩を廃止。忠義たちは、藩の統治を解かれ、東京で暮らすことを命じられたのです。「鹿児島藩」は「鹿児島県」と改められます。この「廃藩置県《はいはんちけん》」の後、軍兵システムである徴兵制《ちょうへいせい》や、納税制度である地租改正《ちそかいせい》、そして司法と教育の制度が推しすすめられまし

た。いずれも天皇を中心に一丸となるシステムに変化します。島津家歴代が居城としていた鹿児島城も、軍のものになりました。

新しい国づくりという斉彬の夢を久光たちが引き継ぎ実現した結果、６５０年にもわたり治め続けた土地を島津家は自ら手放すことになります。しかし、その後も島津家はこの地にかかわり続け、忠義も晩年は鹿児島に戻って仙巌園で暮らし、発展する鹿児島県を見守りました。後に忠義と久光はそれぞれ最高位の爵位《しゃくい》・公爵《こうしゃく》を授かることになります。これは島津家が激動の時代を切り拓いたことへのご褒美だったといえるでしょう。

# 13 使節団のヴィクトリア女王謁見

廃藩置県を終えた新政府は、政府高官が西洋各国への視察へと旅立ちます。期間は2年近く、使節・留学生あわせて107人という大規模なもので、大使が岩倉具視、副使の一人が大久保利通というメンバー。さらに大久保は自らの息子2人も同行させ、アメリカに留学させました。

当初は幕府がかつて交わした条約の内容をよりよくすることができればと考えていましたが、非常に困難であったことから、海外の技術や知識に触れることが主な目的になります。

太平洋を渡ってアメリカを縦断。その後、ヨーロッパに赴き、イギリス、フランス、ドイツ、ロシア、オーストリアなどを歴訪。イギリスでは国内各地を訪れ、造船所をはじめ木綿機械場、製鉄所、白砂糖機械場、紙漉《す》き工場、絹織機械所、毛織物機械所、銀器製作所、ビール製造所、ガラス製造所などを見学。全国に敷かれた鉄道網や収蔵品が豊富な大英博物館にも驚きます。その頃のイギリスはヴィクトリア女王が治め、世界に大きな影響力を持った最盛期の時代。薩摩にとっては最大のパートナー・イギリスを視察した大久保は、イギリスの強さと豊かさの背景を学ぶことができたと記しています。

使節団は各国のトップに謁見《えっけん》しました。アメリカやフランスの大統領、ドイツ、ロシア、イタリアなどの皇帝と交わり、各国の強さを目の当たりにしたのです。ヴィクトリア女王にも謁見。短い会見の後、盛大な晩餐会《ばんさんかい》が開かれまし

た。

帰国翌年、大久保は国内の政治を総合的に担当する内務卿《ないむきょう》に就任。強く豊かな国づくりを日本全国に推しすすめる政策を牽引《けんいん》します。日本は議院内閣《ぎいんないかく》制や二院《にいん》制議会、海軍重視などイギリスをまねるかたちで国家の仕組みを形成。イギリスとの友好関係をさらに発展させます。そしてヴィクトリア女王に使節団が謁見してから30年後、日英同盟が締結されたのです。薩摩とイギリスとの密接な交流が、時を超えて両国間の同盟関係の根幹になったといえるでしょう。

# 14 明治天皇鹿児島行幸

明治5年（1872）6月、明治天皇が鹿児島を訪れました。奈良《なら》時代以降、天皇は遠方まで赴かないものでした。しかし、明治維新を経て天皇が国内外の状況を詳しく理解し、国民を導く存在であるべきという考えから、地方を訪れるようになります。その最初の目的地に選ばれたのが鹿児島でした。これは島津家を中心に薩摩の人々が明治維新の中核として活躍したからと考えられます。

明治天皇は出発時に初めて洋服を着装。従う人々も西洋の服装で統一することで、西洋の文化を積極的に受け入れることを広く示そうとしました。機関車で横浜まで赴いてから、蒸気船に乗り換えて大坂、京都、下関《しものせき》、長崎など西日本各地をめぐります。そして西郷隆盛・従道《じゅうどう》兄弟や吉井友実、川村純義《かわむらすみよし》といった薩摩出身者とともに船で鹿児島港に到着。鹿児島城を宿舎としました。滞在中は鹿児島に滞在していたイギリス人と面会したり、陸海軍の演習を観覧したりしました。さらには鹿児島紡績所《ぼうせきじょ》やガラス製造所、大砲製造所、薩摩焼《やき》製造所といった諸工場を視察。鹿児島県からは薩摩切子《きりこ》や薩摩焼などが献上されました。薩摩が先駆けた強く豊かな国づくりの原点であることを目の当たりにしたのです。

鹿児島行幸《ぎょうこう》は5日間の予定でしたが、出発予定日に天候が悪化したため、滞在を延長。人々は田植《たうえ》踊、桜島踊、角力《すもう》踊、祈念《きねん》踊などを明治

天皇に披露して楽しませました。島津久光はこの時、天皇に14ヶ条の意見書を提出。それは主に西洋の文化を吸収するのを急ぎすぎているのではないかと心配する内容でした。明治天皇は鹿児島に10日間滞在して出発。この後、明治天皇は全国各地を巡幸（視察）します。

海外からの圧力で日本がどうあるべきか議論された時代。薩摩は多彩な人材を輩出し、ほかに先んじて新しい技術や知識を取り入れることで日本全体を牽引しました。薩摩を模範《もはん》とするかたちで全国に西洋の技術や文化が徐々に取り入れられるようになります。一方、久光を代表とする伝統的な文化を重んじる考えも大切にされました。伝統を残し、新しいものを手に入れ続けることで、新時代への道が切り拓かれていったのです。

## 明治維新を語り継ぐ

鹿児島の人々が活躍した明治維新。時を超えてさまざまなかたちでその業績が語り継がれています。

大正6年（1917）は戊辰戦争の50年祭にあたり、鹿児島で大きな催しが開催され、島津斉彬を祀る照國《てるくに》神社の隣に島津斉彬、久光、忠義の3人の銅像が建てられました。その50年後、明治100年を機会に鹿児島の歴史を知るために欠くことのできない『鹿児島県史料』を刊行。あわせて建設計画がスタートしたのが鹿児島県歴史・美術センター黎明館《れいめいかん》です。

明治維新150年には県内でさまざまな行事が催されたほか、2018年にNHK大河ドラマ「西郷どん」が放送され、県内外から鹿児島の幕末・維新が注目されました。その3年前には幕末薩摩の人々が近代化に挑んだ工場群・集成館の跡地一帯などが「明治日本の産業革命遺産」として世界文化遺産に登録。政治だけでなく、ものづくりの分野でも薩摩が進歩的であり、かつ世界的にも素晴らしい事業であったことが広く発信されました。

# 外伝

# 偉人と食

## 釣り好き島津斉彬

「幕末の名君」として知られる島津斉彬《しまづなりあきら》の趣味の一つが魚釣り。島津家別邸・仙巌園《せんがんえん》滞在時には毎日のように魚釣りをしています。時には郷土名物の酒寿司《さけずし》にしていました。また藩内を視察で訪れた際には、地域の住民が魚を網で捕るのを見て楽しみました。川内《せんだい》川では斉彬がご覧になるからという理由で、地元の人たちが事前に鯛を網の中に仕込んでいたようです。海の魚が川で捕れたというのは、さすがの斉彬も突っ込まざるをえなかったでしょう。また、漁業振興政策も行っており、魚にまつわるエピソードが多い人物です。

安政《あんせい》5年（1858）夏、島津斉彬は魚を釣りました。それを酒寿司にして一晩ねかせてから食べたところ、あたって亡くなってしまったといいます。これは斉彬の侍医・松木弘安《まつきこうあん》の記録によるものです。「幕末の名君」も食材には十分注意してもらいたかったものです。

斉彬はお茶も大好きだったそうです。一方で、お酒はあまり飲まなかったといいます。オランダ海軍の面々が鹿児島を訪問した時には、海軍の人々の食事を藩の側近とともに堪能。新しい飲食物には目がなかったということでしょう。

## 西郷隆盛が愛した鰻と豚とスイカ

新政府を築くために奔走し、その明治政府と西南《せいなん》戦争で争うことになった破格の偉人、西郷隆盛《さいごうたかもり》。彼は太ったイメージがついていますが、それは奄美《あまみ》に行ってからのことであり、若い頃はやせていたといいます。

西郷が愛した食べ物の代表といえば鰻《うなぎ》。鰻と犬と西郷の話は多く残っています。例えばある時、鰻屋に犬とともに訪れ、食後に値段を聞きお店を出ました。しかし、店の主人が西郷の食事代が見当たらなかったため、彼を追いかけてその旨を告げると、西郷は器のそばに置いてあると伝えます。店の主人がもう一度探すと、お椀の裏に食事代の20倍の金額がご飯粒ではり付けられていたそうです。彼は愛犬家であったことも知られていますが、時に愛犬とともに鰻を食べたり、自分では食べずに愛犬に鰻を食べさせたりした時もあったとか。

ほかにも豚骨《とんこつ》は骨まで味わうほど愛したほか、ウルメイワシのお刺身やミカンも好きでした。また、スイカに関しては、東京の老舗果物屋に度々注文したことがお店に伝わっています。

## 大久保利通の優雅な食事

島津久光《ひさみつ》に抜てきされて幕末薩摩《さつま》藩の政治に携わり、明治時代はじめには新政府の中心的役割を果たした大久保利通《おおくぼとしみち》。そんな彼の朝食は、

パンと濃いお茶、そしてたくさんの漬物を食べています。和と洋がまぜこぜになった食べ物で一日をはじめていました。京都宇治《うじ》茶の玉露《ぎょくろ》を好んだり、漬物が何種類も用意されていなかったら機嫌がよくなかったりと日本の食べ物が欠かせなかったようです。

このほか、食べ物で好きだったのは、鹿児島の郷土料理・酒寿司。自ら作ったりしていたそうです。また、そばも好んだほか、冬になると、猪の汁や蕪《かぶ》の漬物を好んで食べています。小さく切った烏賊《いか》を三杯酢《さんばいず》で味付けたものも大の好物だったそうです。

飲み物に関しては、甘いお酒が好き。明治維新の後、酒はほとんど飲まなかったといいますが、朝はブランデーに砂糖と卵を混ぜた飲み物を少し飲んでいたといいます。

## 生活が変わっても 嗜好は変わらなかった!? 篤姫

薩摩から徳川《とくがわ》将軍家に嫁いだ「幕末のファーストレディ」天璋院《てんしょういん》篤姫《あつひめ》。篤姫と面会した福井《ふくい》藩主・松平春嶽《まつだいらしゅんがく》は後に彼女について「丈《たけ》高くよく肥《こ》え玉（背が高く太っている）」と記しています。この記述に対して、島津家家臣がわざわざ「肥満に非ず、夫人相当の体格なり（太っているわけではない、女性一般の体格だ）」と書き加えています。

篤姫が分家の今和泉《いまいずみ》島津家から藩主・島津斉彬の養女になった直後、実家から篤姫に鰻やスイカ、そうめん、サツマイモなどが贈られていたことが当時の日記から明らかになっています。当然、彼女の口に入っていたでしょう。

彼女が鹿児島から江戸《えど》城大奥《おおおく》に入ると、食生活も変化したと考えられます。しかし、篤姫とともに大奥に入った女中から、薩摩藩に「薩摩の赤味噌《みそ》」を篤姫が望んでいる旨の書状が送られています。これは麦味噌のことだと考えられますが、将軍家に嫁いだ後も故郷の味が忘れられなかったということでしょうか。高菜の漬物のほか龍眼《りゅうがん》や茘枝《れいし》（ライチ）といった南国の果実を蜂蜜《はちみつ》漬けしたものも薩摩から篤姫のもとに届けていました。

## 小松帯刀の酔い姿

新時代に向けて薩摩藩の政治を率いた家老・小松帯刀《こまつたてわき》。彼は同時代の多くの人から愛され、イギリス人のアーネスト・サトウは「最も魅力的な人物」と賞賛した一方、「口が大きいことが彼の美貌を損ねていた」とも記しています。

サトウは小松ととても親しくしており、細かく彼の様子を書き残しています。その中には食事のことも。小松はサトウの前で、脂肪の多いレバーのパテをおいしそうに味わいました。とても味がよかったからでしょうか、上機嫌になり過ぎて、同じ建物内にいる江戸幕府の大勢の家臣に対して、うっかり薩摩藩の秘密を漏らすのではないかと、サトウがはらはらするほどだったそうです。

彼が京都滞在時、鹿児島にいる妻にあてた手紙にはスイカのことが記されています。京都のスイカがおいしく、吉利《よしとし》（小松の治める領地）のスイカを思い出す、というものです。おそらく夫婦で地元のスイカを食した記憶を呼び起こしたのでしょう。京都で小松は当時珍しい製氷機《せいひょうき》を持っていました。大久保に氷ができたから食べに来ないか、と誘った書状が残っています。どうやらかき氷をふたりで食べたようです。

## 五代友厚がもたらした紅茶

幕末薩摩藩がイギリスに留学生を派遣しようと計画した折、その巨額の費用が課題となりました。その時、五代友厚《ごだいともあつ》は上海《シャンハイ》に渡った経験から、欧米では紅茶が高値で取引されていることに注目。お茶で留学渡航費を稼ごうと提案しました。『薩藩《さっぱん》海軍史』という資料には、五代が記した紅茶の作り方が残されています。実際に、

欧米と本格的な貿易をはじめたばかりの日本では、生糸と茶が海外への輸出品の双璧《そうへき》とされ、綿や砂糖が海外からの輸入品に圧迫されていたのです。五代の商才はすでに薩摩藩士の時代から備わっていたのです。

海外からの商品に負けつつあった砂糖の業者の保護にもかかわります。大坂で明治13年（1880）に開かれた国産の砂糖と綿の品評会である綿糖共進会《めんとうきょうしんかい》で、五代は開会のあいさつを行っており、大坂の商業界を代表して国産の砂糖業の品質向上の必要性を述べています。

## お酒は20歳を過ぎてから

鹿児島のお酒というと、焼酎が真っ先にあがるかと思います。戦国時代にはすでに鹿児島の人々は焼酎を飲んでおり、江戸時代には藩の外

でも知られていました。また、斉彬は、芋焼酎の研究・改良を命じています。

ビールについても、サッポロビールの生みの親が薩摩出身の村橋《むらはし》久成《ひさなり》であったり、キリンビールの原点の一人アーネスト・サトウが薩摩と親しくしていたりとつながりがあります。

幕末維新の時代に薩摩の人々がビールを飲んだ記録もいくつかあります。島津斉彬はオランダ人たちが鹿児島を訪れた時、彼らの船の上で、ビールやワインをたしなんだと記されています。小松帯刀は、レバーのパテとともに、ビールを味わい、少々酔っぱらってしまったようです。大久保利通はイギリスを訪れた時、バーミンガムでビール工場を視察。実際に飲んだのではないでしょうか。

西郷隆盛は、お酒はほとんど飲まなかったといいます。夜に少しだけたしなむ程度だったようです。斉彬も普段は酒を飲まず、茶を愛したと記されています。

## 薩摩っ子の長寿の秘けつ

お殿様やお姫様など歴史上有名な人々以外はどのような食べ物を食べていたのでしょうか。それを示す内容が幕末に記されています。

おじいちゃん、おばあちゃん
いつまでも元気で長生き
してくださいね

『南島雑話』の執筆で知られる薩摩藩士・名越《なごや》左源太《さげんた》は、仕事の一環である老夫婦のもとを訪れました。夫は柿本釜助《かきもとかますけ》といい、90歳になっても毎日働いている人物で、見た目は60歳ぐらいというとても珍しい人物。その妻も80歳以上で元気という理想的な2人です。この頃ではかなりのご高齢な夫婦ということもあり、左源太は会いに行きました。

左源太が釜助に健康の秘けつについて聞いてみたところ、本人は特別に気を付けていることなどはないと答えます。しかし、朝はご飯を食べ、昼はお粥、夜は食べないという食生活を何十年も行っているといいます。また、生魚と豚肉が健康のための薬と思って食べており、これも少しだけ味わうそうです。

贅沢をせず、肉と魚をしっかり食べる生活。現代の健康的な食生活につながる文化が幕末の頃からすでにあったようです。

# 略年表

| | |
|---|---|
| 1787年 | 島津重豪、藩主の座を息子に譲る |
| 1789年 | 茂姫（広大院）、御台所（将軍正室）になる |
| 1809年 | 島津斉宣、お家騒動を経て藩主の座を息子に譲る |
| 1824年 | 宝島でイギリス人と島役人が銃撃戦 |
| 1826年 | 島津重豪と斉彬、シーボルトと面会する |
| 1828年 | 調所広郷、財政改革をはじめる |
| 1840年 | 清王朝（中国）とイギリスとの戦争がはじまる |
| 1850年 | 薩摩藩のお家騒動（お遊羅騒動）はじまる |
| 1851年 | 島津斉彬、藩主就任 |
| | ジョン万次郎、琉球経由で薩摩来訪 |
| 1852年 | 磯に工場群建設開始 |
| 1855年 | 日本初の本格的な洋式軍艦・昇平丸完成 |
| 1856年 | 篤姫（天璋院）、御台所になる |
| 1857年 | オランダ海軍将校カッテンディーケと軍医ポンペ、鹿児島来訪 |
| 1858年 | 島津斉彬、急死 |
| 1860年 | 桜田門外の変で井伊直弼暗殺 |
| 1861年 | 島津久光、「国父」と呼ばれるようになる |
| 1862年 | 島津久光、京都にのぼる。寺田屋で薩摩藩士同士の斬り合い |

1863年　島津久光、朝廷の使者とともに幕府の政治改革をうながす
生麦事件でイギリス人殺傷
長崎丸事件で薩摩藩の船が長州藩によって沈められる
薩英戦争がはじまる
1864年　8月18日の政変で薩摩藩と会津藩が長州藩を京都から追い出す
禁門の変で幕府や薩摩藩などが長州藩と戦う
1865年　薩摩藩英国留学生渡航
1866年　薩長同盟成立
イギリス公使パークス、鹿児島来訪
1867年　四侯会議を経て幕府と薩摩藩との溝が深まる
パリ万国博覧会開催
日本初の近代紡績工場・鹿児島紡績所設立
大政奉還
1868年　鳥羽・伏見の戦いで新政府軍と旧幕府軍が衝突（戊辰戦争のはじまり）
江戸城無血開城
1869年　薩摩バンド（吹奏楽団）誕生
蝦夷地（北海道）での戦いが終わり、戊辰戦争終結
廃仏毀釈で藩内の寺院がなくなる
1870年　東京―横浜間に電信開通
1871年　廃藩置県で鹿児島県になる
岩倉使節団、西洋諸国に向けて出発
1872年　明治天皇、鹿児島行幸

# 結

この本は、南日本新聞で2016年夏から2019年春にかけて連載した「かごしま維新《いしん》伝心《でんしん》」がベースとなっています。ちょうどその頃は、鹿児島県内で明治維新150年に向けさまざまな催しが行われていました。2年10カ月の連載だけでなく、講演会をはじめとするイベント、そして2018年のNHK大河ドラマ「西郷どん」を通じて、幕末・明治維新に鹿児島がどのように活躍したのか学ぶ機会が多かったように感じます。

書籍化に向けた準備をはじめたのは2022年。その2年前から続く新型コロナ感染症の流行のため、歴史に関する講演会や各種イベントが開催されなくなっていました。歴史を知る機会が少なくなっている中、少しでも鹿児島の歴史の魅力を感じていただきたい、という気持ちで今回刊行しました。

鹿児島の幕末・維新の魅力の一つは、多種多彩な人材だと思います。島津家一族や西郷隆盛、大久保利通だけでなく、老若男女、学者や僧侶が政治、経済、外交、技術などいろいろな舞台で活躍しました。本書を通じて「チーム薩摩」として活躍した激動の時代を楽しく知っていただけたのならば幸いです。そして幕末・維新の頃と同様に、未来を多方面からよりよくするように皆で協力できればと願っています。

連載は幕末・維新を舞台とした「かごしま維新伝心」と戦国乱世を取り扱った「かごしま戦国絵巻」をいわばセットで執筆しました。本書と同様に「かごしま戦国絵巻」が刊行された際にはこちらもあわせてご一読いただければありがたいです。

最後になりましたが、新聞連載に協力してくださった南日本新聞読者センターの編集担当の方々、刊行させてくださった南方新社《なんぽうしんしゃ》、妻である東雲《しののめ》ののかと岩川拓夫を支えてくださっている皆様、そして可愛い子どもに感謝の意を表してしめくくらせていただきます。

２０２３年７月　岩川拓夫

※本書は、鹿児島市による第８回児童書出版助成を受けて出版したものです。

## ■主な参考文献


桐野作人『さつま人国誌　幕末・明治編1〜4』（南日本新聞社）
芳即正『人物叢書　調所広郷』（吉川弘文館）
尚古集成館『島津斉彬の挑戦：集成館事業』（春苑堂出版）
田付茉莉子『ミネルヴァ日本評伝選　五代友厚：富国強兵は「地球上の道理」』（ミネルヴァ書房）
高村直助『人物叢書　小松帯刀』（吉川弘文館）
寺尾美保『天璋院篤姫』（高城書房）
徳永和喜『偽金づくりと明治維新』（新人物往来社）
町田明広『島津久光＝幕末政治の焦点』（講談社）
町田明広『幕末文久期の国家政略と薩摩藩 島津久光と皇政回復』（岩田書院）
町田明広『グローバル幕末史：幕末日本人は世界をどう見ていたか』（草思社）
松尾千歳『人をあるく　西郷隆盛と薩摩』（吉川弘文館）
松尾千歳『シリーズ・実像に迫る11　島津斉彬』（戎光祥出版）
安川周作『語られた歴史　島津斉彬』（南方新社）
安川周作『語られた歴史　島津久光』（南方新社）

## ■著者プロフィール

**岩川 拓夫　IWAKAWA Takuo**

1985 年鹿児島生まれ。大阪大学大学院を修了後、尚古集成館や日置市教育委員会で学芸員として勤めた後、仙巌園学芸員となる。県内外で講演会やシンポジウムに登壇するほか、歴史を活かしたイベントを企画・運営。鹿児島国際大学非常勤講師や西郷南洲顕彰館専門委員などを兼ねる。
主な著書に『龍馬の世界認識』（藤原書店）、『島津重豪と薩摩の学問・文化』（勉誠出版）など（いずれも共著）。

**東雲 ののか　SHINONOME Nonoka**

1989 年鹿屋市生まれ。2015 年、第 3 回かごしま漫画クロデミー賞一般コマ部門最優秀賞受賞。2022 年、第 9 回かごしま漫画クロデミー賞 with SDGs ストーリー・コマ部門最優秀賞受賞。

**かごしま維新伝心《いしんでんしん》**

二〇二三年九月一三日　第一刷発行

著者　岩川拓夫《いわかわたくお》・東雲《しののめ》ののか
発行者　向原祥隆
発行所　株式会社 南方新社
〒八九二―〇八七三
鹿児島市下田町二九二―一
電話 〇九九―二四八―五四五五
振替口座 〇二〇七〇―三―二七九二九
URL http://www.nanpou.com/
e-mail info@nanpou.com

印刷・製本　シナノ書籍印刷株式会社
定価はカバーに表示しています
乱丁・落丁はお取り替えします
ISBN978-4-86124-503-9 C8021

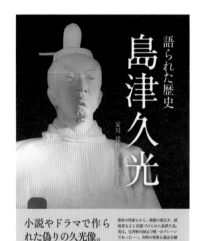

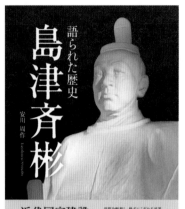

## 鹿児島県の歴史入門

◎麓 純雄　定価（本体 2000 円＋税）

鉄砲・キリスト教の伝来、薩英戦争、西南戦争——。鹿児島は歴史の転換点となる数々の出来事の舞台となってきた。本書は、元・小学校長が高校日本史の教科書を分析し、「日本史の中の鹿児島県」の歴史をテーマごとにわかりやすく解説する。知っておきたい鹿児島県の基礎知識が満載。

---

## 鹿児島古寺巡礼

◎川田達也　定価（本体 1800 円＋税）

怪しく光る黄色い墓塔、立派な石燈籠の数々、それらが醸し出す雰囲気。全てが美しい。 鎌倉期より鹿児島を統治してきた島津本宗家と重要家臣団 23 家の由緒寺跡墓所の写真を展開する。それと共に、各家の由来を解説し、略系図も付した。島津家を概括する格好の手引書である。

---

## 新南島雑話の世界

◎名越 護　定価（本体 2800 円＋税）

『南島雑話』は、幕末期の薩摩藩士・名越左源太が５年間の奄美遠島中に、動植物、魚介類や農耕儀礼、冠婚葬祭から伝説まで、奄美の風土を観察、取材した図入りの民俗・博物誌。幕末期奄美の暮らしの貴重な記録である。本書は、黒糖や焼酎の製法など生業を中心に、自然、民俗を現在と比較しながら紹介する。